健康文化建设书系

U0653074

张 寅◎编著

关注体育锻炼

GUAN ZHU TI YU DUAN LIAN

西安电子科技大学出版社

图书在版编目 (CIP) 数据

关注体育锻炼 / 张寅编著 . — 西安 : 西安电子科技大学出版社 , 2013.1

ISBN 978-7-5606-3028-1

Ⅰ . ①关… Ⅱ . ①张… Ⅲ . ①体育锻炼－基本知识 Ⅳ . ① G806

中国版本图书馆 CIP 数据核字 (2013) 第 028171 号

关注体育锻炼

张　寅　编著

责任编辑：王　瑛

出版发行：西安电子科技大学出版社（西安市太白南路 2 号）

电　　话：（029）88242885 88201467　　邮　　编：710071

网　　址：//www.xduph.com　　电子邮箱：xdupfxb001@163.com

经　　销：新华书店

印刷单位：北京兴星伟业印刷有限公司

版　　次：2013 年 4 月第 1 版　2013 年 4 月第 1 次印刷

开　　本：710 毫米 ×1000 毫米　1/16　印　张 12

字　　数：180 千字

印　　数：1 ～ 5000 册

定　　价：23.80 元

ISBN 978-7-5606-3028-1

XDUP 3320001-1

***** 如有印装问题可调换 *****

目　　录

第五章　体育锻炼的正确方法

第六章　体育锻炼与心理健康的关系

第七章　体育锻炼要搭配合理的膳食

附录　国家体育锻炼标准施行办法

第 一 章

体育锻炼概论

　　体育锻炼是指人们根据需要自我选择、运用各种体育手段，并结合自然力和卫生措施，以发展身体、增进健康、增强体质、调节精神、丰富文化生活和支配余暇时间为目的的体育活动。

第一节 什么是体育锻炼

一、体育的概念

1. 体育

　　体育虽然有悠久的历史，然而"体育"一词却出现得较晚。在体育一词出现前，世界各国对体育这一活动过程的称谓都不相同。"体育"的英文本是 physical education，指的是以身体活动为手段的教育，直译为身体的教育，简称为体育。在古希腊，游戏、角力、体操等曾被列为教育内容。17～18 世纪，在西方的教育中也加进了打猎、游泳、爬山、赛跑、跳跃等项活动，只是尚无统一的名称。18 世纪末，德国的 J·C·F·古茨穆茨曾把这些活动分类、综合，统称为"体操"。进入 19 世纪，一方面德国形成了新的体操体系，并广泛传播于欧美各国；另一方面相继出现了多种新的运动项目，在学校也逐渐开展了超出原来体操范围的更多的运动项目，建立起"体育是以身体活动为手段的教育"这一新概念。于是，在相当的一段时间里，"体操"和"体育"两个词并存，相互混用，直到20世纪初才逐渐在世界范围内统一称为"体育"。1762年，卢梭在法国出版了《爱弥尔》一书。他使用"体育"一词来描述对爱弥尔进行身体的养护、培养和训练等身体教育过程。由于这本书激烈地批判了当时的教会教育，而在世界引起了很大反响，因此"体育"一词同时也在世界各国流传开来。从这里我们可以清楚地看到，"体育"一词源自"教育"一词，它最早的含义是指教育体系中的一个专门领域。

到19世纪，世界上教育发达国家都普遍使用了"体育"一词。19世纪中叶，德国和瑞典的体操传入我国，随后清政府在兴办的"洋学堂"中设置了"体操球"。至1902年左右，一些在日本留学的学生从日本传来了"体育"这一术语。随着西方文化不断涌入我国，学校体育的内容也从单一的体操向多元化发展，课堂上出现了篮球、田径、足球等。许多有识之士提出不能把学校体育课称体操课，必须理清概念层次。1923年，在《中小学课程纲要草案》中，正式把"体操课"改为"体育课"。从此"体育"一词成了标记学校中身体教育的专门术语。

"体育"一词在含义上也有一个演化过程。它刚传入我国时，是指身体的教育，作为教育的一部分出现，是一种与维持和发展身体的各种活动有关联的教育过程，与国际上理解的"体育"是一致的。随着社会的进步和体育事业的不断发展，其目的和内容都大大超出了原来"体育"的范畴，体育的概念也出现了"广义"与"狭义"解释。当"体育"用于广义时，一般是指体育运动，其中包括了体育教育、竞技运动和身体锻炼三个方面；当"体育"用于狭义时，一般是指体育教育。

近年来，不少学者对"体育"的概念提出了一些解释，但比较趋于一致的解释为："体育是以身体活动为媒介，以谋求个体身心健康、全面发展为直接目的，并以培养完善的社会公民为终极目标的一种社会文化现象或教育过程"。体育的这一定义既说明了它的本质属性，又指出了它的归属范畴，同时也把自身从与其邻近或相似的社会现象中区别出来。但是，体育的概念并非是一成不变的，随着社会的发展和进步，对体育的认识也将有所发展。

体育具有强身健体、娱乐、教育、政治、经济等功能。也可以说，所处的历史阶段不同，体育就具有不同的功能，但是自从体育产生以来，强身健体及其娱乐自始至终是体育的主要功能。体育是一种复杂的社会文化现象，以身体活动为基本手段，增强体质、增进健康及培养人的各种心理品质为目的。尤其随着社会经济的发展，人们的生活水平得到了提高，人们对精神方面的需要高于对物质方面的需要。人们对于体育的认识不只限于强身健体，还希望通过体育活动的参与得到更多的精神享受。例如，观看体育比赛时，优美的体育动作、扣人心弦的竞赛等，都给人们以美的享受；还有在比赛现场，随着比赛的进行，人们可以大声地叫喊，可以尽情地发泄自己的情感，使人们在精神上获得一种轻松感。一次成功的射门，一个漂亮的投篮，随着快节奏的音乐跳健美操等，不只是健身，更重要的是给人们的一种精神与神经方面的释放感、愉快感、成就感和心情的舒畅感。这些都是体育带给人们精神方面的价值。生活水平越高，人们越注重体育精神层面的价值。

另外，体育也有助于培养人们勇敢顽强的性格、超越自我的品质、迎接挑战的意志和承担风险的能力，有助于培养人们的竞争意识、协作精神和公平观念。一些体育活动和体育赛事对丰富人们的文化生活，弘扬集体主义、爱国主义精神，增强国家和民族的向心力、凝聚力，都有着不可缺少的作用。体育是人类社会发展中，根据生产和生活的需要，遵循人体身心的发展规律，以身体练习为基本手段，达到增强体质，提高运动技术水平，进行思想品德教育，丰富社会文化生活而进行的一种有目的、有意识、有组织的社会活动，是伴随人类社会的发展而逐步建立和发展起来的一个专门的科学领域。

2. 体育的概念

体育的概念有广义和狭义之分。体育的广义概念（亦称体育运动）是指以身体练习为基本手段，以增强人的体质，促进人的全面发展，丰富社会文化生活和促进精神文明为目的的一种有意识、有组织的社会活动。它是社会总文化的一部分，其发展受一定社会的政治和经济的制约，并为一定社会的政治和经济服务。

体育的狭义概念（亦称体育教育）是指一个发展身体，增强体质，传授锻炼身体的知识、技能，培养道德和意志品质的教育过程，是对人体进行培育和塑造的过程，是教育的重要组成部分，是培养全面发展的人的一个重要方面。

二、体育锻炼的概念

体育锻炼是指人们根据需要自我选择、运用各种体育手段，并结合自然力和卫生措施，以发展身体、增进健康、增强体质、调节精神、丰富文化生活和支配余暇时间为目的的体育活动。神经系统是人体的"司令部"。神经系统，尤其是大脑，关系到人体各器官系统的功能调节，对于人的体质强弱起着决定性作用。

通过体育锻炼，能使大脑和神经系统得到锻炼，提高神经工作过程的强度、均衡性、灵活性和神经细胞工作的耐久力，能使神经细胞获得更充足的能量物质和氧气的供应，从而使大脑和神经系统在紧张的工作过程中获得充分的能量物质保证。据研究，当脑细胞工作时，它所需的血液量比肌肉细胞多 $10 \sim 20$ 倍，大脑耗氧量占全身耗氧量的 $20\% \sim 25\%$。体育锻炼能使大脑的兴奋与抑制过程合理交替，避免神经系统过度紧张，可以消除疲劳，使头脑清醒，思维敏捷。随着神经系统机能的改善，有机体内各器官系统尤其是运动系统的控制和调节能力也可得到不断提高和完善。

体育锻炼能提高循环系统的功能。人体的循环系统是由心脏、血管和淋巴管组成的。心脏是动力器官，血管和淋巴管是运输器官，淋巴管还具有防御功能。人体通过循环系统的活动，向全身几百亿细胞供给血液，血液把呼吸系统摄取的氧气和消化系统摄取的丰富营养物质源源不断地输送给人体各种组织和各器官系统，使之维持生命的活力。心脏功能不好，运输系统发生故障，人体的新陈代谢以及生命活动就会受到严重的威胁。因此，心脏是人体各器官中最重要的器官，心脏血管的功能在很大程度上决定人的健康状况和体质水平。

据生理学研究，运动员的心脏比一般人的心脏体积大，安静时每分钟的脉搏次数比一般人少，而每搏输出量比一般人大，能较快地适应剧烈运动的需要，且运动后恢复也较快。正常人安静时每分钟输出血量约5000毫升，剧烈运动时，每分钟可输出血量 20 000 毫升，而有训练的运动员每分钟输出血量可达 35 000 毫升。

第二节　体育锻炼对身体的作用

一、对人生理的影响

1. 对新陈代谢的影响

（1）体育锻炼能促进体内组织细胞对糖的摄取和利用能力，增加肝糖原和肌糖原储存。体育锻炼还能改善机体对糖代谢的调节能力。如在长期体育锻炼的影响下，胰高血糖素分泌表现为对运动的适应，即在同样强度的运动情况下，胰高血糖素分泌量减少，其意义是推迟肝糖原的排空，从而推迟衰竭的到来，增加人体持续运动的时间。

（2）脂肪是在人体中含量较多的能量物质，它在体内氧化分解时放出的能量约为同等量的糖或蛋白质的两倍。长期坚持体育锻炼能提高机体对脂肪的动用能力，为人体从事各项活动提供更多的能量来源。

2. 对运动系统的影响

经常运动可使肌肉保持正常的张力，并通过肌肉活动给骨组织以刺激，促进骨骼中钙的储存，预防骨质疏松；同时使关节保持较好的灵活性，韧带保持较佳的弹性。锻炼可以增强运动系统的准确性和协调性，保持手脚的灵便，使人可以轻松自如、有条不紊地完成各种复杂的动作。

3. 对心血管系统的影响

适当的运动是心脏健康的必由之路。有规律的运动锻炼，可以减慢静息时和锻炼时的心率，从而大大减少心脏的工作时间，增强心脏功能，保持冠状动脉血流畅通，可更好地供给心肌所需要的营养，使心脏病的危险率减小。

（1）经常参加体育锻炼可使心肌细胞内的蛋白质合成增加、心肌纤维增粗、心肌收缩力量增加，从而使心脏在每次收缩时能将更多的血液射入血管，增加心脏的每搏输出量。长时间的体育锻炼可使心室容量增大。

（2）体育锻炼可以增加血管壁的弹性，这对人类健康的远期效果来说是十分有益的。随着人类年龄的增加，血管壁的弹性逐渐下降，可诱发高血压等退行性疾病，通过体育锻炼，可增加血管壁的弹性，预防或缓解退行性高血压症状。

（3）体育锻炼可以促使大量毛细血管开放，从而加快血液与组织液的交换和新陈代谢的水平，增强机体能量物质的供应和代谢物质的排出能力。

（4）体育锻炼可以显著降低血脂含量（胆固醇、b－蛋白质、三酰甘油等），改变血脂质量，有效地防治冠心病、高血压和动脉粥样硬化等疾病。

（5）体育锻炼还可以使安静时脉搏徐缓和血压降低。

4. 对呼吸系统的影响

（1）经常参加体育锻炼，特别是做一些伸展扩胸运动，可以使呼吸肌力量加强，胸廓扩大，有利于肺组织的生长发育和肺的扩张，使肺活量增加；经常性的深呼吸运动，也可以促使肺活量的增长。大量实验表明，经常参加体育锻炼的人，肺活量值高于一般人。

（2）体育锻炼由于加强了呼吸力量，可使呼吸深度增加，以有效地增加肺的通气效率。研究表明，一般人在运动时肺通气量能增加到60升/分左右，而有体育锻炼习惯的人运动时肺通气量可达 100 升/分以上。

（3）一般人在进行体育活动时只能利用其氧气最大摄入值的 60% 左右，而经过体育锻炼后可以使这种能力大大地提高。体育活动时，即使氧气的需要量增加，也能满足机体的需要，而不致使机体缺氧。

5．对消化系统的影响

体育锻炼能加速机体能量消耗，而能量物质的最终来源是通过摄取食物获得的，因此，运动后会促进人的消化系统功能变化，使人的饭量增多，消化功能增强。

6．对中枢神经系统的影响

体育锻炼能改善神经系统的调节功能，提高神经系统对人体活动时错综复杂的变化的判断能力，并及时作出协调和准确、迅速的反应。研究指出，经常参加体育锻炼能明显提高脑神经细胞的工作能力。反之，如缺乏必要的体育活动，大脑皮层的有效调节能力将相应地下降，造成平衡失调，甚至引起某些疾病。中枢神经系统由脑和脊髓构成，而最高指挥机关则是大脑皮层。它一方面管理和调节人体内部各器官系统的活动，保持人体内部环境的平衡，另一方面则维持人体与外部环境的平衡。体育运动是在中枢神经系统的支配调节下进行的。反过来，进行体育锻炼能提高中枢神经系统的机能水平，即提高神经过程的强度和集中能力，提高均衡性和灵活性，从而提高有机体对内外环境的适应能力。体育训练中，肌肉经常要工作，克服由于运动训练所带来的肌肉酸痛等疲劳感觉和各种困难，长期地刻苦训练，持之以恒，坚持不懈，就可以培养顽强的毅力，培养不怕苦、不怕累、不怕疼痛、不怕枯燥的顽强意志品质。

二、对人心理的影响

体育锻炼具有调节人体紧张情绪的作用，能改善生理和心理状态，恢复体力和精力；增进身体健康，使疲劳的身体得到休息，使人精力充沛地投入学习、工作；舒展身心，有助于睡眠，消除紧张学习带来的压力。体育锻炼可以陶冶情操，保持健康的心态，充分发挥个体的积极性、创造性和主动性，从而提高自信心和价值观，使个性在融洽的氛围中获得健康、和谐的发展。体育锻炼可以帮助学生克服种种生理和心理上的障碍，培养其勇敢、果断、吃苦耐劳等优良品质。体育锻炼可调节人的一些不健康的情绪和心理，如抑郁、焦虑、消沉、沮丧、紧张等。体育锻炼中的集体项目与竞赛活动可以培养人的团结、协作及集体主义精神。

第三节　体育锻炼对人的重要意义

一、体育锻炼对中小学生循环系统的影响

据阿斯特兰德报告，30 名瑞典优秀运动员经过系统训练（每周 28 小时），最大摄氧量平均达到 3.8 升/分（对照组仅 2.6 升/分），心脏容积、肺容积、血红蛋白量也显著增大，且与最大摄氧量之间有很高的相关。停止体育锻炼 10 年后的女孩，摄氧量平均下降 29%，但心脏容积无大变化，这说明青少年时期的锻炼对成年后心肺功能有深远影响。艾克劳姆发现 11 岁男孩训练半年后，有氧工作能力提高 15%，训练 2 年后，有氧工作能力提高 55%，心脏容积增加 45%，肺活量增加 54%，这些变化大大超过同龄青春期男孩。司帕莱纳罗瓦用跑台机能试验测定最大摄氧量，发现受试者活动量越大，则功能越强，其变化强度在青春期最大，说明青春期阶段对锻炼的作用最敏感，是体育锻炼的最好时机。

二、体育锻炼对中小学生的运动系统功能的影响

运动系统主要由骨、关节和骨骼肌等组成。其主要功能是起支架作用、保护作用和运动作用。人体的运动系统是否强壮、坚实、完善，对人的体质强弱有重大影响。例如，骨骼和肌肉对人体起着支撑和保护作用，它不仅为内脏器官，如心、肺、肝、肾以及脑、脊髓等的健全、生长发育提供了可能，而且能保护这些器官使之不易受到外界的损伤。骨、关节、

骨骼肌是人体运动器官，骨的质量，关节连接的牢固性、灵活性，肌肉收缩力量的大小和持续时间的长短等，在很大程度上决定人体的运动能力。青少年经常从事体育锻炼能促进骨的生长，使骨骼长长、横径变粗、骨密度增大、骨重量增加。经常锻炼，也能使肌纤维变粗、肌肉横断面积加大、肌肉收缩能力和张力增强，从而不断提高肌肉的力量和耐久力。据测定，一般人的肌肉重量占体重的40%左右，而经常锻炼的运动员的肌肉重量可达体重的45%～50%。

　　体育锻炼也是调节体重的重要因素，可使其身体成分明显改变。改变程度视训练强度和时间而异。威尔士观察34名每天坚持锻炼的青春期女孩，发现5个月后其瘦体重显著增加，脂肪量相应减少，体重却变化不大。帕瑞科克对11～18岁男孩进行长达7年的追踪观察，发现他们的强度不同（每周分别为6、4、2.5小时），瘦体重增加也不同，且两者之间有显著的相关性。身高、体重、胸围是衡量青少年身体发育水平的主要指标。国内外的学者曾通过横剖面调查和追踪调查，取得了许多数据资料，发现经常坚持体育锻炼的青少年的身高、体重、胸围的增长幅度，一般高于不经常锻炼的青少年。这说明，体育锻炼对于人体的肌肉、骨骼系统的发育起着良好的促进作用。

第二章

常见的运动及其常识

第一节　足球运动

一、什么是足球运动

（一）足球运动常识

1. 足球运动

足球运动分为古代足球和现代足球两种。古代足球又叫做"蹴鞠"，始于我国的秦朝，发展于汉朝，盛行于唐朝，宋朝时期达到了最高峰，自元代开始衰退，经明朝儒家思想的批判，至清代消亡。现代足球运动起源于英国。1863 年，英格兰足球协会成立，成为世界上第一个足球协会。1904 年，国际足球联合会在法国成立，从此，世界足球运动进入新的发展阶段。历经 100 多年的发展，现代足球运动已经成为国际体坛最具影响力和活力的运动项目。足球运动为当代学生喜闻乐见，是校园内最受欢迎的运动项目之一。人们经常参加足球运动，因为它可以全面提高耐力、速度、弹跳、平衡能力、协调能力等身体素质；同时对于培养大学生的团队合作精神以及坚强的意志品质都有良好的作用。

首届世界杯足球赛于 1930 年举行，这一世界大赛的开展使奥运会足球赛更陷入困境。直至 1988 年，国际足联才正式决定，今后奥运会足球赛的球员年龄将限制在 23 岁以下，并列为国际足联系列赛四个年龄组中的一个世界大赛，从 1992 年第 25 届奥运会上开始实施。这一变革使奥运会足球赛的吸引力空前提高。1995 年 11 月，国际足联成立了由国际足联主席和各洲足联主席组成的"国际足联管理委员会"，负责管理一般事务。1997 年后又对比赛规则做了部分修改。足球运动深受世界各国人民的喜爱，有"世界第一大球"之称。

2. 比赛场地

（1）场地面积：比赛场地应为长方形，其长度不得多于 120 米或少于 90 米，宽度不得多于 90 米或少于 45 米（国际比赛的场地长度不得多于 110 米或少于 100 米，宽度不得多于 75 米或少于 64 米）。在任何情况下，长度必须超过宽度。

（2）画线：比赛场地应按照平面图画出清晰的线条，线宽不得超过 12 厘米，不得做成"V"形凹槽。较长的两条线叫边线，较短的叫球门线。场地中间画一条横穿球场的线，叫中线。场地中央应当做一个明显的标记，并以此点为圆心，以 9.15 米为半径，画一个圆圈叫中圈。场地每个角上应各竖一面不低于 1.50 米高的平顶旗杆，上系小旗一面。

（3）球门区：在比赛场地两端距球门柱内侧 5.50 米处的球门线上，向场内各画一条长 5.50 米与球门线垂直的线，一端与球门线相接，另一端画一条连接线与球门线平行，这三条线与球门线范围内的区域叫球门区。

（4）罚球区：在比赛场地两端距球门柱内侧 16.50 米处的球门线上，向场内各画一条长 16.50 米与球门线垂直的线，一端与球门线相接，另一端画一条连接线与球门线平行，这三条线与球门线范围内的区域叫罚球区。在两球门线中点垂直向场内量 11 米处各做一个清晰的标记，叫罚球点。以罚球点为圆心，以 9.15 米为半径，在罚球区外画一段弧线，叫罚球弧。

（5）角球区：以边线和球门线交叉点为圆心，以 1 米为半径，向场内各画一段四分之一的圆弧，这个弧内区域叫角球区。

（6）球门：球门应设在每条球门线的中央，由两根内侧相距 7.32 米、与两面角旗点距离相等的直立门柱与一根下沿离地面 2.44 米的水平横木连接组成。为确保安全，无论是固定球门还是可移动球门，都必须稳定地固定在场地上。门柱及横木的宽度与厚度，均应对称相等，不得超过 12 厘米。球网附加在球门后面的门柱及横木和地上。球网应适当撑起，使守门员有充分活动的空间。（注：球网允许用大麻、黄麻或尼龙制成。尼龙绳可以用，但不得比大麻或黄麻绳细。）

3．球

比赛用球应为圆形，它的外壳应用皮革或其他许可的材料制成，在它的结构中不得使用可能伤害运动员的材料。球的圆周不得多于 70 厘米或少于 68 厘米。球的重量，在比赛开始时不得多于 450 克或少于 410 克。充气后其压力应相等于 0.6 ~ 1.1 个大气压力（海平面上），即相等于 600 ~ 1100 克/厘米。在比赛进行中，未经裁判员许可，不得更换比赛用球。

4．队员人数

上场比赛的两个队每队队员人数不得超过 11 人。每队必须有一名守门名。除竞赛规程另有规定外，一支球队每场比赛最多可以使用 3 名替补队员。如果是"友谊比赛"，可以有 5 名以下的替补队员。

5．队员装备

（1）上场队员必需的装备是：运动上衣、短裤、护袜、护腿板和足球鞋。上场队员不得穿戴能危及其他运动员的任何物件。

（2）护腿板必须由护袜全部包住，而且应是由适当的材料制成（橡胶、塑料、聚氨酯或其他类似的材料）。

（3）守门员的服装颜色必须有别于其他上场队员和裁判替补守门员或其他任何队员时，均应遵守下列规定：替补前应先通知裁判员。替补队员在被替补队员离场，并得到裁判员许可后，方可进入比赛场地。替补队员应在比赛成死球时从中线处进场。被替补下场的队员不得再次参加该场比赛。替补队员无论上场与否，裁判员均有权对其行使职权。

（4）替补队员进入比赛场地，即成为场上队员，同时被替换出场的队员不再是场上队员，至此替补结束。

（5）违规及罚则：凡是违反本章规则的，不必停止比赛。

裁判应指示违反规则的球员离开球场穿戴符合规则的装备。违反规则的球员应在球不在比赛中时离开球场，除非该球员的装备已经符合规则。任何球员离开球场调整装备，未获得裁判允许不可再进场。裁判允许球员再进场之前，应先检查其装备是否符合规则。只有当球不在比赛中时，才可允许球员再进场。一球员因违反本章规则离开球场，他未获得裁判允许即进场（或再进场），应被警告并举黄牌。重新开始比赛如果因为裁判执行警告而停止比赛：由犯规球队的对方球员，在裁判停止比赛时球所在的地点，踢一间接自由球，重新开始比赛。如果是守方在自己的球门区内踢间接自由球，可在球门区内任何一点踢球。如果是攻方在对方的球门区内踢间接自由球，踢球的地点是在平行球门线的球门区线上，最接近犯规位置的地点。

6. 裁判员

每场比赛应委派一名裁判员执行裁判任务。在他进入比赛场地时，即开始行使规则赋予他的职权。在比赛暂停或比赛成死球时出现的犯规，裁判员均有判罚权。裁判员在比赛进行中，根据比赛实际情况，诸如比赛结果等所作的判决，应为最后判决。他应当执行规则，避免作出对犯规队有利的判罚。裁判员应记录比赛成绩和比赛时间，使比赛赛足规定的时间或双方同意的时间，并补足由于偶然事故或其他原因所损耗的时间。因违反规则、遇风雨、观众或外界人员干扰及其他原因妨碍比赛进行时，裁判员有权暂停、推迟或终止比赛。事后须在规定的时间内按照有关要求将具体情况书面报告主办机构。书面报告在规定的时间内一经投邮即为合理手续。裁判员从进入比赛场地起，对犯有不端和不正当行为的队员应给予警告并出示黄牌。事后须在规定的时间内，按照有关要求将该队员的姓名和具体情况书面报告主办机构。除参加比赛的队员及巡边员外，未经裁判员允许，任何人不得进入比赛场地。如裁判员认为队员受伤严重时，应立即停止比赛，须将受伤队员尽可能迅速地移至场外，并立即恢复比赛。如队员受轻伤，则比赛不应在成死球前停止。凡能自己走到边线或球门线接受任何护理者，不得在场内护理。裁判员对于场上队员的暴力行为、严重犯规、使用污言秽语或辱骂性语言，以及经警告后仍犯有不正当行为者，应罚令其出场并出示红牌。在每次比赛暂停后，以信号指示恢复比赛。裁判员应审定比赛用球是否符合规则的要求。

7. 巡边员

每场比赛应委派两名巡边员，他们的职责（由裁判员决定）应为示意：

（1）何时球出界成死球。

（2）应由哪一队踢角球、球门球或掷界外球。

（3）当要求替补时，他们还应协助裁判员按照规则控制比赛。巡边员如有不正当行为或不适当地干扰比赛，裁判员则应免除其职务并指派他人代替（裁判员应将此情况上报主办机构）。巡边员使用的手旗，应由比赛场地所属的俱乐部提供。

8. 比赛时间

比赛时间应分为两个相等的半场，每半场45分钟。特殊情况双方同意另定除外，并按下列规定执行：

（1）在每半场中由于替补、处理伤员、延误时间及其他原因损失的时间均应补足，这段时间的多少由裁判员决定。

（2）在每半场时间终了时或全场比赛结束后，如执行罚球点球，则应延长时间至罚完为止。除经裁判员同意外，上、下半场之间的休息时间不得超过15分钟。

（二）现代足球运动的发展趋势

现代足球运动从 1863 年诞生起，到目前为止已经有 100 多年的历史。它经历了由低级到高级、从不完善到逐步完善的发展过程。由于国际足球的竞赛日益增多，理论水平的相应提高，科研工作逐步加强，训练方法不断改革，新的技术、战术层出不穷，从而推动着足球运动不断向前发展。当今的足球比赛，对运动员的技术、战术、身体素质、意志品质的要求越来越高，从而促使运动员向高度全面化方向发展，这就是现代足球运动发展的主要方向和趋势。

1. 全面

全面型的全攻全守，就像涨潮落潮那样的整体攻防。运动员高度全面发展，攻防技术齐备，掌握各个位置的技术，动作方法多样，又有特长和绝招，能完成多种位置的职责，有全面的战术意识，跑到哪个位置就能起到哪个位置的作用。在个人全面发展的基础上，促使整个队全面发展、具有多种战术形式。现代足球要求队员攻防技术一体化，技术动作多样化，单一的锋卫职责机械分工已逐渐消失，各队都朝着攻守平衡和技能、体能与心理智能全面发展的方向努力，这种能攻善守的全面型踢法，是世界足球运动发展的主要趋势。

2. 激烈

现代足球运动拼抢凶狠、对抗激烈。据有关资料分析，高水平的足球比赛，每场每队的进攻 150 次以上，拼抢 500 次左右，铲球 100 次左右，围抢 45 次左右。由于拼抢频繁，铲球广泛地被使用，加上密集防守和破密集防守战术高度发展，使空当越来越小，攻防队员之间的接触越来越多，因而造成在技术运用和战术配合上难度越来越大，同时也促使技、战术向高、精、尖的方向发展。在这种激烈的比赛中，对运动员的体能要求也越来越高，没有充沛的体能和顽强的意志，就很难完成高超的战术配合，也很难发挥自身的技术水平。第 17 届世界杯足球比赛中，东道主韩国队就是凭借超强的体能和顽强的意志战胜众多世界强队而跻身四强。

3. 快速

在争夺、对抗激烈的足球比赛中，留下的空间、时间越来越少，所有的一切都要求我们在快速条件下完成，完成各种技术动作要快，位置职能转换要快，进攻推进要快，全队回防要快，攻守转换也要快。快速是衡量一支球队水平高低的重要尺度。

4. 灵活

现代足球比赛，对灵活性的要求也越来越高，要做到机动灵活、快速多变，还应有高度的应变能力，才能适应快速、激烈、变化多端的足球比赛。技术上要求熟练准确、灵活自如、快速多变。战术上要求掌握多种攻防战术，同时还要具备在临场时根据不同情况快速反应的应变能力，这样才能在快速的攻防中，机动灵活地调配攻防力量，充分发挥个人和全队特点，克敌制胜。在控制比赛节奏上也要求有灵活性。

全面、激烈、快速、灵活是现代足球运动中带有规律性的几个方面。它集中地体现了现代足球运动向着技术、战术、身体、心理等高度全面的方向前进。在快速多变、对抗激烈的条件下，熟练合理地运用技、战术和准确正常地发挥技、战术水平，是现代足球运动的发展趋势。

二、足球运动的特点

足球运动是以脚支配球为主，两个队进行攻守对抗的一项体育运动项目。它是世界上最受人们喜爱、开展最为广泛、影响最大的体育运动项目，有"世界第一运动"之美誉。足球运动的对抗性很强，队员在比赛中采用各种符合规则的奔跑、转身、急停、倒地、冲撞、跳跃等动作，在运动中与对手展开激烈的争夺，这种争夺是集智慧、勇敢及全面的身体素质于一身，把变化多端的技术和复杂的战术以及超强的体能融为一体。正是因为足球运动具有对抗性、复杂性、比赛时间长、人数多、场地大等特点，所以人们非常喜欢从事足球运动和观赏足球比赛。足球比赛既可以举行 11 人制的，也可以举行 9 人制、7 人制，甚至 5 人制的比赛；既可以在露天的场地也可以在室内进行。足球比赛的时间、场地、人数的伸缩性较大，设备也比较简单，便于在群众中广泛开展，因而足球运动也具有兴趣性、群众性的特点。

三、基本技术与练习方法

（一）运球

运球是为战术配合和个人突破服务的。运球只是手段不是目的，如果无目的地盘带，就会延缓进攻的推进速度，使对方能及时回防，从而影响进攻。一般常用外脚背、正脚背和脚弓部位带球。

1．动作

1）外脚背带球

动作方法：带球时，上体要稍前倾，带球脚的脚尖和髋关节稍向里转，膝微屈，脚腕放松。在向前迈步将要落地前，用外脚背推拨球的后下部。外脚背带球时，身体转动不大，对跑的速度影响较小，多用于直线快速带球。这种带球方法容易改变方向，隐蔽性强，便于传球或射门。

要领：支撑稳，提重心，摆腿快，上体倾。

支撑脚：完成动作时不直接发力触球，而是主要起支撑躯体、保持平衡作用的一侧脚。

动作脚：完成动作时直接发力触球，在动作中主要起动力作用的一侧脚。

2）正脚背带球

动作方法：与外脚背带球基本相同，只是用正脚背带球。这种带球适用于直线快速突破。

要领：基本同外脚背带球。

3）脚弓带球

动作方法：带球时，支撑脚向前跨出一步，落在球的侧前方，膝稍屈，重心放在支撑脚上，同时上体向带球方向前倾，带球脚提起后用脚弓推拨球的后中部。由于球和脚接触面积较大，因此容易控制，并便于做转变方向的曲线带球，也便于用身体掩护球。脚接触球的部位与脚弓踢球的部位有些相似。

要领：基本同外脚背带球。

2．练习方法

练习方法如下：

（1）在30米内设定一直路线，右脚带去，左脚带回。

（2）由五根标枪构成一直线，每根标枪之间相距3米，交叉使用各种脚法带球。

3．易犯错误及纠正方法

1）易犯错误

运球时只是低头看球，而不能随时观察场上情况，致使不能及时传球或射门；运球时不是推球或拨球而是击球，致使球远离自己而失去控制；触球用力过大，使球远离自己而失去控制；拨、拉、扣、挑球动作与身体重心移动配合得不好，使下一个动作衔接不上。

2）纠正方法

在规定的范围内进行慢节奏的拉、扣、拨、挑球动作练习，然后使范围逐渐缩小；做拨、拉、扣、挑球动作的单一练习，增加熟练程度后再做组合动作。

（二）停球

停球是有意识地将球停接下来，控制在自己的活动范围以内，以便更好地处理球的一个动作。接球的方法，以身体部位划分为胸部接球、脚掌接球、脚弓接球、正脚背接球、外脚背接球等。根据球的活动状态可分为接地滚球、接反弹球和接空中球。

1．动作

1）胸部接球（胸部接球有挺胸和收胸两种）

动作方法：挺胸接球（适用于接弧度较大的来球）时身体正对来球，两脚前后开立，两膝弯曲，上体稍后仰。当球到头部前上方时，两臂自然向两侧张开。在球触及胸部时，要挺胸憋气，使球触胸后向前上方弹起，然后用头或用脚将球控制好。收胸接球（多用于接速度快、力量较大的平球和反弹球）时身体正对来球，两脚前后开立。接球时，胸部对准来球，并稍前挺迎球。球一接触胸部，两肩前引，迅速收胸，收腹缓冲来球力量，将来球接在身前；用胸部接球时，由于胸部面积大，接球稳当，便于接空中高球。

要领：挺胸接球时，对正来球，触球时挺胸憋气；收胸接球时，对正来球，收胸、收腹迅速缓冲。

2）脚掌接球

动作方法：接地滚球时，身体正对来球的方向，支撑腿稍屈，上体稍前倾，保持身体平衡，接球脚提起（不超过球的高度），屈膝，脚尖翘起高过脚跟。当球滚到脚前侧时，脚掌轻轻下压，以脚前掌将球接在脚下。（这种接球方法比较容易掌握，接球稳，便于控制，一般用于接正面地滚球和反弹球。）

要领：屈膝，脚尖翘起对正球，来球时脚掌轻轻下压。

3）脚弓接球

动作方法：接地滚球时，支撑脚正对来球方向，膝稍屈，当接触时，接球脚向前下轻压，将球接于身前。如来球力量大，接球脚可稍后撤，以缓冲来球力量将球接在脚下。（这种动作较容易掌握，球与脚的接触面积大，易接稳，并便于改善方向和结合下一个动作，可以用来接地滚球、反弹性和空中球。）

要领：稍屈膝外展，触球缓冲轻下压。

4）正脚背接球

动作方法：身体正对来球，接球腿屈膝提起，以脚背对准来球。当球与脚接触的一刹那，小腿和脚腕放松下撤，缓和来球力量，使球落在身前。另外一种接法是：接球腿稍抬起，在球接近地面时，用正脚背触球，随球下撤落地。如要改变方向，可在球下落刚触及脚背时，接球脚轻往后撤，同时向左（右）转身，用右（左）脚接球。（这种接球方法适用于接空中下落的球。）

要领：腿屈膝提起，触球缓冲脚后撤。

5）外脚背接球

动作方法：接地滚球时，身体重心先放在支撑脚上，支撑腿稍屈，同时接球脚提起，膝稍屈，放在支撑脚的侧前方，脚背外侧对准来球的方向。在球与脚接触时，接球脚轻轻下压，将球接于身前。如欲将球接向体侧时，脚尖和髋部外展，将球接于身旁。（外脚背接球常与假动作结合运用。这种接球具有隐蔽性，但因重心移动较大，较难掌握。）

要领：脚尖和髋部外展，触球缓冲脚下压。

2．练习方法：

练习方法如下

（1）两人一球，近距离一人掷球一人接。

（2）对墙传球，接反弹球。

（3）两人一球，相距25～30米，对传足球，使用各种方法接球。

3．易犯错误及纠正方法

1）易犯错误

停球脚的踝关节没有充分放松，使球触脚弹得过远而失地去控制；停地滚球时，脚离地过高，使球漏过；停反弹球时，对球落地的时间判断不准，使球漏过，或用力下压而停不稳球；停球脚用力踩球，使球停不稳；停球时，对球在空间的位置选择得不恰当；不能用正确的部位接触球；挺胸停球时没有收下颌；由于没有充分展腹，造成挺胸而不能后仰，使球弹得过远，难于控制；停球时没有主动挺胸推球，影响跑动速度和衔接下一个动作。

2）纠正方法

专门练习：两人一组一个球，一人掷一人接，反复练习，左右脚各 50 次。练习时应采取多种掷球方法，让对方逐步练习和适应不同的来球方式。其他同学互相提醒对方的错误动作。

（三）掷界外球

足球比赛规则规定直接接到界外球者没有越位限制。但是规则对掷界外球技术动作规格却有着严格的规定。因此，掷界外球技术的学习、训练，先应从原地并且又必须符合规则规定的掷界外球规格动作开始，再逐步过渡到符合规则规定的助跑掷球动作进行练习，进而再要求掷准、掷远。对于掷界外球动作，规则上有如下规定：掷球时，队员必须面向场内，掷球队员的两脚立于边线上或边线外，任何一脚不得全部离地，要用一个连续动作，将球从头后经头顶用双手掷入场内。掷界外球有原地的和助跑的两种方式。

1. 动作

1）原地掷界外球

动作方法：两手手指自然张开，持球的后半部，两拇指靠近，虎口相对。两脚前后或平行开立，膝关节稍屈，将球举在头后，身体重心放在两脚上，上体后仰。掷球时，两脚蹬地，收腹屈体，同时两臂快速前摆，身体重心前移，手腕、手臂、腰和腹部同时用力将球掷出。

要领：足立地，腰呈弓，手过头，用力出。

2）助跑掷界外球

动作方法：与原地掷界外球相同，只是增加 5 米左右的助跑。跑时，两手持球放在胸前。在迈出最后一步时（两脚要前后站立），将球上举至头后。然后将球掷出，同时后脚从地面上向前滑进，但不得离地。

动作方法：基本同原地掷界外球。

2. 练习方法

练习方法如下：

（1）两人一组一球，相距 10～15 米，对掷足球。

（2）对墙练习，待反弹后接球继续。

（3）多人组合练习。

3．易犯错误及纠正方法

1）易犯错误

掷界外球违例最多的情况有两种：一是掷球的动作不连贯造成动作分解；二是助跑掷远距离球时单脚离地。因此，无论在比赛中还是在平常练习时，学生都应该互相提醒，防止违例，尤其是在靠近罚球区附近时的掷球，否则要么轻易地失掉一次具有很大威胁的进攻机会，要么送给对方一次机会用于进攻。

2）纠正方法

掷向的目标不要在球出手之前过早地暴露，并且要选择对对方有威胁、又便于同伴利于防守或进攻的位置。在靠近对方罚球区附近获得掷球权时，要尽量缩短从球出界到掷球的时间，不给对方及时回防、充分布防的机会。并且最好由掷球距离远而准的队员来掷球。

（四）踢球（传球）

踢球是足球基本技术中的主要技术。踢球是球员有目的地把球传给同伴或射门，是完成战术配合的主要手段。踢球的技术动作包括助跑、支撑脚的位置、踢球腿的摆动、脚与球的接触部位和踢球后的身体随前动作五个组成部分。踢球的方法主要有正脚背踢球、外脚背踢球、内脚背踢球、脚内侧踢球、脚尖踢球和脚跟踢球。

1．动作

1）正脚背踢球

动作方法：踢定位球时，直线助跑，支撑脚踏在与球平行和距球一脚的左右侧方，它的脚尖正对出球方向，膝稍屈；同时踢球腿向后摆起，膝弯曲；踢球腿前摆时，要用大腿带动小腿；当大腿前摆至垂直地面位置时，小腿加速前摆；在脚触球刹那，脚背绷直，并稍收腹，以正脚背部位触球的后中部；踢球后，身体要有随前动作，并跨出一两步。

要领：摆腿时大腿带动小腿，触球时脚背绷直。

2）外脚背踢球

动作方法：与正脚背踢球的动作基本相同，只是用脚背外侧触球；在踢球的一刹那，脚背要绷直，脚趾用力下扣，脚尖内转，踢球的后中部。

要领：脚尖内转，脚背绷直。

3）内脚背踢球

动作方法：沿着与球呈 45°角的斜线助跑，支撑脚踏在球的侧后方约两脚左右处，膝弯曲，以脚掌外侧着地支撑身体重心，上体稍向支撑脚一侧倾斜，踢球脚自然后摆；踢球时，以大腿带动小腿，呈弧形迅速前摆，脚稍向外转，脚面绷直，脚趾扣紧，脚尖斜指前下方，以内脚背触球的后中部；踢球后，腿随球摆出。

要领：低重心，略后仰，勿摆动，保平衡。

4）脚内侧踢球

脚内侧踢定位球动作方法：直线助跑，支撑前的最后一步稍大些，支撑脚站在球的侧面约 15 厘米处，脚尖正对出球方向，支撑腿膝关节微屈。在支撑脚着地时，踢球腿大腿带动小腿由后向前摆动，在前摆的过程中大腿外展，当膝关节的摆动接近球的正上方时小腿做爆发式摆动，在触球前将脚跟送出使得脚内侧部位所形成的平面与出球方向垂直，踢球脚脚底与地面平行，脚尖微微翘起，踝关节功能性地紧张使脚型固定，击球后身体跟随移动，髋关节向前送。

脚内侧踢空中球动作方法：根据来球速度和运行轨迹及时移动到位，踢球腿大腿抬起（屈）并外展，小腿屈并绕额状轴后摆，利用小腿绕额状轴由后向前摆动，当摆至额状面时与球接触，击球的中部。

要领：摆腿要快，踢球力量的大小主要取决与摆腿速度。踢球时候把脚后跟贴屁股的感觉，摆腿的时候腿不要用力，放松自然，踢球瞬间发力，碰球以后腿要顺势往前摆。

5）脚尖踢球

动作方法是支持脚踏在球的侧后方，击球时脚背翘起，脚趾下扣，踝关节紧张用力并保持稳定，以脚类部位击球的后中部稍偏下的部位。脚尖捅球时，如支持脚离球过远，踢球腿要屈膝前跨，送髋，在踢球脚落地前，用脚尖捅球的后中部。

6）脚跟踢球

球在支持脚内侧时，踢球腿自然提跨到球的前方，然后以膝关节为轴小腿突然快速后摆，踝关节紧张用力，以脚跟触球前中部把球向后踢出。

球在支持外侧时，踢球腿先自然前提，当摆过支持脚时，立即向支持脚一侧成交叉动作后摆，踝关节紧张用力，以脚跟击球的前中部把球向后踢出。

2. 易犯错误及纠正方法

1）易犯错误

踢球方法本身：任何踢球方法最终都是由踢球时所要运用脚的某一部位去完成，因此在学习掌握动作阶段应着重从运用的脚法上去发现错误。

动作完成的客观效果：任何踢球技术动作在运用时都应该有明确的目的，无论传球或射门，其动作完成都应达到预期效果。

2）分析产生错误的原因

属于踢球方法本身的错误应按照动作结构、助跑、支撑、击球、随前的顺序进行分析，找出产生错误的主要原因；属于动作完成效果的错误，应根据其外部的不同表现：如传球后，一种表现为方向不准，出现左右偏差；一种表现为方向虽然准确，但力量过轻、过重或落点控制不准，达不到传球的既定效果。从中找出直接造成或间接影响以上错误产生的原因。直接造成多是动作运用的不合理，要从运作结构中按照传球的要求去分析。间接影响应多考虑动作完成的时机和意识方面，如传球前没有选准目标，踢球刹那眼睛没看球；或从心理方面考虑，担心对方防守凶狠而产生惧怕感，从而致使动作变形。

3）纠正方法

方法选择要有针对性，要抓住产生错误的主要方面，如脚法不准，着重解决从摆腿路线和击球时脚型的控制等。传球不准属于方向的，应强调击球点的选择和摆腿用力与出球方向之间的关系对准确性的影响等；属于力量不当的，应从摆腿方向、摆腿发力击球等方面去解决。

（五）射门

射门主要有内脚背射门、外脚背射门、脚弓射门、正脚背射门和脚尖射门。

1．动作

1）内脚背射门

动作方法：参照内脚背踢球动作。

运用：当球在身体侧前方或离身体稍远时，都可用内脚背射门。它可以突然改变射门角度，如斜线插入时，守门员必然会移动位置，以封住近角，此时进行半转身射门，易使球射入远角（力量大，多用于转身射门）。

要领：低重心，头略低，摆腿后立即停止。

2）外脚背射门

动作方法：参照外脚背踢球动作。

运用：威胁力大，突然性强，具有隐蔽性，能射各种方向来球，如射正面、小角度、横侧、前后斜侧、凌空球等，并能射出直线球和弧线球。

要领：同外脚背踢球。

3）正脚背射门

动作方法：参照正脚背踢球动作。

运用：力量大、准确性高，运用最广，是射门的基础脚法。如射正面、斜侧、转身等地滚球；又如横扫、摆、弹、抽、倒钩等射凌空球。

要领：同正脚背踢球动作。

4）脚尖射门

动作方法：参照脚尖踢球动作。

运用：快速、突然，在门前争夺激烈时，没有起脚摆腿的时间，用脚尖"捅球"射门能出奇制胜。但有时准确性差。

要领：同脚尖踢球动作。

2. 易犯错误及纠正方法

1）易犯错误

打高、打偏、"打飞机"的现象最多，究其原因主要是支撑脚位置不合适，身体重心偏离中轴线，在动作脚触球的一瞬间，踝关节放松，致使动作变形。

2）纠正方法

先做原地的射门练习，对墙练反弹球；两人一组一个球，一人将球踩住不动，另一人原地练习射门动作，特别体验脚触球时的感觉；在细节上应注意头部向下，躯干尽量前倾，脚尖绷直，完成动作后及时收腿以免上翘。

（六）头顶球

顶球技术是传球、射门、抢截的有效手段，特别是争高空球时头顶球技术最为重要。顶球技术的特点是争取时间，不需要等球落地就可以在空中直接处理或破坏球，因此它可以争取时间和空间上的优势和主动。顶球应该用前额骨触球。因前额骨是头部最坚硬、最平坦和最宽大的部分，它处于头的正前方和两眼的上面，便于在顶球时观察来球及周围的情况，而且出球准确有力。顶球一般分为正额顶球和额侧顶球两种。具体方法有原地、助跑、跳起（单脚和双脚）和鱼跃顶球等。

1. 动作

1）正额原地顶球

动作方法：面对来球，两脚前后开立，膝微屈，重心放在两脚上；顶球前，上体先后仰，重心移到后腿上，两臂自然摆动，保持身体平衡，两眼注视来球；顶球用力蹬地，两腿迅速伸直，上体由后向前快速摆动，借腰、腹及颈部力量，用前额正面将球顶出。顶球过程中，身体重心从后腿移到前腿。

要领：睁眼，伸展，收腰反弓。

2）单脚跳起顶球

动作方法：起跳前要有三步至五步的助跑；最后一步踏跳时要用力，步幅要稍大些，踏跳脚以脚跟先着地再迅速移到脚掌，同时另一腿屈膝上提，两臂向上摆动；身体腾起后上体随之后仰；顶球时，上体由后向前摆动，借助腰、腹和颈部力量将球顶出，然后两脚自然落地。

要领：基本同正额原地顶球。

3）双脚跳起顶球

动作方法：两膝先弯曲，然后两脚蹬地向上跳起，同时两臂屈肘上摆，上体后仰，两眼注视来球，接着两臂自然张开，以保持身体平衡；当跳到最高点并在来球接近身体垂直线时，收腹、甩头，用正额将球顶出。

要领：睁眼，伸展，收腰反弓。

2. 练习方法

练习方法如下：

（1）一人一球练习，自抛自掷。

（2）两人一球练习，一人抛球，一人回顶球。

（3）两人一球练习，相互抛球，同时练习顶球。

3. 易犯错误及纠正方法

1）易犯错误

顶球时闭眼、缩脖，不敢主动迎击球；顶球点选择得不正确，顶不到球或只是蹭击球；击球的用力摆体动作过早、过晚，出球无力或力量过大；蹬地、摆体或收腹曲体与颈部紧张用力不协调。

2）纠正方法

原地练习：自抛自顶，张开眼睛，用额头顶球；两人一组一球，一人抛，另一人用头部将球顶回，要求准确。

干扰式练习：三人一组一球，一人抛球，另一人顶球，第三者在其身旁同时跳起争顶，但力度不要太大，只需稍微起到干扰的作用。

（七）拦截球

抢截技术是一种积极有效的防守手段。抢截是防守技术的综合体现，是用争夺、堵截、破坏等方式延缓或阻拦对方的进攻。一旦把球争夺过来，就意味着本方组织进攻的开始。掌握和不断提高抢截技术有助于快速反击。拦截有正面抢截、侧面抢截和后面抢截（铲球）。

1. 动作方法

1）正面抢截（在对方带球队员迎面而来时可采用这种抢截）

动作方法：两脚前后稍开立，两膝稍屈，身体重心下降，并平均落在两脚上，面向对手；当对方带球脚触球即将着地或刚刚着地时，立即抢球；抢球脚的脚弓对正球，并跨出一步，膝关节弯曲，上体前倾，身体重心移至抢球脚上；如对方已有准备，在双方脚同时触球时，脚触球后要顺势向上提拉，使球从对方脚背滚过，身体迅速跟上，把球控制住；双方上体接触时，抢球人可用合理部位冲撞对方，使之失去平衡，将球控制在自己脚下。

要领：快、准、狠。

另外，还可以用弓步抢球。抢球时，向斜前方跨步，两脚前后开立，重心稍下降，以维持身体平衡。先用前脚脚弓堵球，紧跟着后脚脚弓再堵球，两脚动作频率要快，使对方无法处理球。

2）侧面抢截（当防守队员与带球进攻的队员并肩跑动，或二人争夺迎面来球时双方都可采用这种抢截）

动作方法：当与对方平行跑动争球时，身体重心要降低，两臂贴紧身体；在对方靠近自己的脚离地时，可用肩和上臂做合理的冲撞动作，使对方身体失去平衡，从而把球抢过来。

要领：快、准、狠。

3）后面抢截（铲球，这是抢截技术中较困难的一种，一般是在用其他方法抢不到球时才运用铲球）

动作方法：铲球有两种方法，一种是脚掌铲球，另一种是脚尖或是脚背铲球。当防守人追至距运球人右后方 1 米左右时，可用右脚掌或左脚尖（脚背）进行铲球。在运球人的左侧时，则用左脚掌或是右脚尖（脚背）进行铲球。如用右（左）脚掌铲球，可在运球人刚刚将球拨出时，先蹬左（右）腿，跨右（左）腿，膝关节弯曲，以脚外侧从地面滑出，用脚掌将球踢出。然后小腿、大腿、臀部、上体依次着地，身体随铲球动作向前滚动。如用右（左）脚尖（脚背）铲球时，左（右）腿要用力蹬地，右（左）腿向前跨出，以脚外侧从地面滑出。在脚快要触球时，可用力弹小腿，将球踢出。然后铲球腿的小腿、大腿、臀部依次着地，上体向铲球腿方向滚翻，两手撑地起立。

要领：快、准、狠。

2．练习方法

练习方法如下：

（1）在一水平线上，摆放 10 个足球，每球之间相距 3 米，练习时，加速冲刺到位后铲球。

（2）队友协助抛球于地面，练习者看准时机出脚铲球。

（3）一队友带球缓慢前进，另一练习者加速冲刺到位后铲球。

3．易犯错误及纠正方法

1）易犯错误

身体重心不能及时移向抢球脚上和抢球脚的踝关节不够紧张，抢球无力而徒劳；支撑脚没有迅速跟上，影响衔接下一个动作；抢球的时机掌握得不好，出脚稍早或稍晚而抢球失败；抢球脚抬得过高，造成犯规；冲撞时用手、肘或肩推对手造成犯规；不是在对手靠近自己一侧的脚离地时进行冲撞，因而没有效果；不是侧后方或侧方铲球，而是从正后方铲球，容易伤害对手和犯规；动作不连贯，容易摔伤自己和影响迅速衔接下一个动作。

2）纠正方法

熟习哪些是"合理冲撞"（在控球，逼抢中合理的利用身体。比如后卫和前锋同时加速追赶皮球的时候，双方的身体一定会挤在一起发生冲撞，并且手上总会本能的有一些动作，这就是合理的身体接触。再比如抢头球的时候利用身体靠着对手是对方抢不到点甚至无法起跳，这都不是犯规，算合理的身体接触。但这些都是在双方机会均等的情况下利用身体。如果对方已经起跳了而用身体冲撞对方使对方失去重心，或是在对方已经控球的情况下把对方撞开，就是犯规了。队员掩护球时自己不接触球，而设法阻挡对方队员使其不能触球，这并不属于规则所指的犯规，因球在该队员的控制范围，他可根据战术需要而掩护球。在这种情况下，对方队员可以做合理冲撞。）在拦截球时尽量不犯规；两人一组无球，在慢跑中互相用肩部以适当的力量撞击对方；变无球为有球。

（八）颠球

1. 动作

动作方法：身体放松，两臂自然摊开，与躯干呈 $30°$ 角，十指微张，臀部放松并略后蹲；大腿带动小腿，小腿带动脚背，从后至前，由下往上，以适当的力量，磋击球体下部，脚尖略上翘，两脚交替使用；同时两臂左右轻摆，以保持平衡；每当球体下降至脚面上方时，应有意识地缓冲接球；任何情况下，均不可用手接球，以免养成不良习惯。（颠球在实战中的作用并不大，其目的在于培养球感，为技术打基础。）

要领：髋放松，手伸展，脚上翘。

2. 练习方法

练习方法如下：

（1）自抛自颠。

（2）队友抛球，另一人练习若干次后交换颠球。

（3）划定一定范围，在此范围内练习。

（九）假动作（马修斯系列动作）

由于假动作技术贯穿比赛的始终，技术动作比较复杂。所以，从形势上一般分为两种，即有球技术假动作和无球技术假动作。

1．动作

1）有球技术假动作

有球技术假动作是指运动员正在或者已经控制球的情况下，为了摆脱对手或突破对手的紧逼和防守，以及对手抢截时所做的各种假动作。

（1）踢球假动作技术。

动作方法：运动员已控制球或正准备控制球，准备与同伴配合及接球时，对手前来堵抢，挡住其路线时，先可向一方做假动作，当对手以假当真去封堵假动作路线时，应突然改变踢球脚法将球传或接向另一方面。

要领：变化快，先假后真寻突破。

（2）头顶球与胸接球假动作技术。

动作方法：当队员面对胸部以上的高空来球，准备接时，对手迎面逼近准备抢截，此时接球的队员做出胸或头、接或顶的假动作诱使对手立定、以假当真，在其封堵接、传路线时，突然改变动作，用头或胸将球顶出或接住。

要领：变化快，先假后真寻突破。

（3）运球假动作技术。

动作方法：运球假动作技术在比赛中是最常见的，它不仅用来突破正面对手，而且可以用来摆脱来自侧面和后面的对手。

要领：变化快，先假后真寻突破。

技术运用：对手迎面跑来抢截球时，可用左（右）脚的脚背内侧扣拨球，结合身体的虚晃动作，诱使对手的重心发生偏移，然后用左（右）脚的脚背外侧向同侧方向拨运球越过对手；对手从侧面来抢截球时，先做快速向前运球动作，诱使对手紧追，这时突然减速伴做停球假动作，当对手上当时，再突然启动加速推球向前甩掉对手；当对手从身后来抢截球时，运球者用左（右）脚掌从球的上方擦过，做大交叉步，身体也随动作前移，诱使对手向运球者的移动方向堵截，然后以运球脚后前脚掌为轴，突然向右（左）后方转身，再用右（左）脚背内侧将球扣回，把对手甩掉。

2）无球技术假动作

动作方法：在比赛中，运动员大部分时间是在无球的情况下，摆脱、跑位及掩护同伴完成接球、传球、射门等技术动作。

要领：变化快，先假后真寻突破。

2．练习方法

练习方法如下：

（1）自己原地练习。

（2）设定标志杆，练习者带球至标志处时做假动作。

（3）队友协助防守（消极防守），练习者带球至防守者处做假动作。

四、足球战术

足球战术是指比赛双方为了充分发挥个人与集体的特长，进攻对方弱点，取得比赛胜利所采用的手段和方法。根据攻防的基本特点，足球战术可分为进攻战术、防守战术、比赛阵形三大部分。在进攻和防守战术中，又分别包括个人、集体与全队的攻防战术。集体战术是指两个或两个以上队员在比赛中为了完成全队攻防任务而采用的局部协同作战的配合方法，它包括"二过一"战术配合、"三过二"战术配合和反切配合等进攻战术。

（一）集体的局部配合进攻战术

1．"二过一"战术配合

"二过一"是两个进攻队员，通过传球配合突破一个防守队员。"二过一"是集体配合的基础，可以在任何场区、任何位置上运用这种方法来摆脱对方的抢截或突破防线。"二过一"是进攻的两个队员之间相距10米左右，进行一传一切的配合。要求传球平稳及时，一般多用脚内侧、脚外侧等脚法，传地面球为主。传球的位置，尽可能是接球人脚下或前面二三步远的地方。

2. "三过二"战术配合；

"三过二"是在比赛中局部地区 3 个进攻队员通过连续配合突破两个防守者的防守。由于这种配合有两个同队队员可以同时接应传球，因此使持球人传球路线更多，且进攻面扩大。

（二）集体的局部配合防守战术

1. 补位

补位是足球比赛中局部区域集体配合进行防守的一种方法。当防守过程中一个防守队员被对手突破时，另一个队员则立即上前进行堵封。

2. 围抢

围抢是指比赛中在某局部位置上，防守一方利用人数上的相对优势（通常是二三个队员）同时围堵对方的持球队员，以求在短暂时间内达到抢断对方的目的。

3. 造越位战术

造越位战术是利用规则而设计的一种防守战术。它是一种以巧制胜的省力打法，因而成为一种重要的防守手段。但由于其配合难度较大，搞不好会适得其反，让对手钻空子。此战术往往是被水平较高的球队所采纳，但在一场比赛中也不是多次运用。

（三）全队进攻战术

全队进攻战术是指比赛中一方获得球后，通过队员之间的传递配合达到射门的目的而采用的配合方法。与局部进攻战术相比较，全队进攻战术的进攻面比较广。

1. 边路进攻

利用球场两侧区域发起进攻的方法叫边路进攻。边路进攻是全队进攻战术的主要形式之一，其主要特点是有利于发挥进攻速度，打破对方防线制造缺口。

2. 中路进攻

中路进攻是利用球场中间区域组织的进攻，这种进攻虽能直接射门，但难度最大，因中路防守最为严密，攻击手必须是反应极其敏锐、意识强、技术高、敢于冒险、速度快和善于跑位策应的队员。

3. 快速反击

比赛中当攻方进攻时，后卫线往往压至中场附近，防守人数也由于插上进攻和助攻而相对减少，此时如能抓住对方防区空隙较大和回防较慢的机会，乘其失球发动快速反击，往往能取得良好的效果。快速反击是最有威胁的进攻手段，有效的进攻在于突然快速地反击，但其难度较大，即要冒险，又要有准确、快速的传切配合技能。快速反击要有组织，配合得要极为默契，必须进行专门性的训练，否则很难在比赛中实施。

4. 定位球战术

定位球战术是指在比赛中，利用"死球"后重新开始比赛的机会组织进攻与防守配合的战术方法。定位球战术包括中圈开球、角球、任意球、点球、掷界外球等。在势均力敌的高水平比赛中，定位球战术有时能起决定胜负的作用。球员在配合上要利用简练的一次配合取得射门机会，配合越复杂成功率就越低，故要进行专门性的练习，才能在比赛中奏效。

（四）全队防守战术

防守战术可分为两种基本类型：盯人紧逼防守（人盯人防守），即在规定的范围内盯人紧逼，不交换看守；区域紧逼防守（盯人和区域相结合），即现今流行的综合防守，紧逼和保护相结合，在个人的防区内紧逼，作交替看守。盯人防守即各自都有明确的防守对象，如对方左边锋大幅度地斜插至右路，则右后卫紧跟盯防，不交替看守。防守最根本的原则是紧逼和保护。只有紧逼才能有效地主动断抢，压制对方技术的优势而获取主动权；保护是为了更好地紧逼和控制空当。

1．阵形的发展和演变

为了适应攻守战术的需要，全队队员在场上的位置排列和职责分工，称为比赛阵形。各阵形的名称是按队员排列的形状而定。自19世纪中期世界上有了第一个足球比赛阵形至今日的"四三三"、"三五二"、"四二四"等，以及某些国家所采用的"水泥式"、"锁链式"等，都是沿着这一个客观规律演变和发展的。

2．各个位置的职责

边后卫的职责：边后卫主要是要防守对方的边锋以及其他进攻队员在边路的活动，破坏对方由边路发动的进攻。同时还可利用插上助攻式运球来直接威胁对方球门。

中后卫的职责：中后卫有突前中后卫和拖后中后卫之分。前者主要任务是盯守对方突前的最有威胁的中锋，因而又被称之为盯人中后卫；后者则主要担负整个防线的指挥任务，其站位经常处于其他防守队员后面，一般称他为自由中卫。

前卫的职责：前卫通常称之为中场队员。中场是一个非常重要的区域，控制了中场也就是得到了比赛的主动权，因此比赛各队往往都在中场投入较大力量。

五、足球运动创伤应急办法

因为足球运动拼抢激烈，一场球赛踢下来，总难免发生运动创伤。常见的创伤有擦伤、皮破、肉裂、踢挫伤、膝或踝关节扭伤、韧带撕裂或拉断、肌肉拉伤、关节脱臼、膝关节半月板损伤，以及足底、足趾下起泡，等等。现在介绍几种简单的常用急救处理方法。

（一）冷镇痛喷雾剂的使用

冷镇痛喷雾剂又名冷冻剂，它是近年来国外广泛应用的新型止痛剂，对关节扭伤、肌肉拉伤、撞伤、踢挫伤（未破皮）等，有消炎、止血、防止肿胀发展的作用。它不是麻醉剂，同以往我国用于浅表层的麻醉剂氢乙烷性质不同。由于它能迅速止痛、止血，颇受足球运动员欢迎。不过，中医有不同看法，认为它对深部的血管破裂不一定有效，不如在患处用棉花、绷带加压包扎可靠，而且不留下受凉的后患。我国近来氢乙烷已停产，冷镇痛喷雾剂使用也还不够普遍。在应急的情况下，也可以用冰袋包扎 24 小时，或用冷水毛巾敷贴。

（二）下肢顶撞或踢挫伤

轻度受伤者，局部皮肤微肿，疼痛不严重，稍加冷敷即可继续上场。重的则皮下出血，红肿部位大，或隆起大包，触手即痛。这时，即须利用冷镇痛喷雾剂加包扎处理。伤在大、小腿处的，可外加护套。赛后，还应用凉性中草药（如五虎丹或新伤一号）进行调敷，即助消肿止痛。每天敷药一次，轻者 2~3 天可愈；重者约需一周。还可配合按摩治疗，加速活血散淤。如果场上发生骨折，或腹部、生殖器部位重度挫伤，甚至休克，则须立即抬出场外及时处理。挫伤后 24 小时内，切不可热敷或热水浸泡，以防血管扩张，加剧出血、肿胀，不利于迅速恢复。皮下小血管、软组织损伤，肌肉纤维没有明显断的挫伤者，可保持跑步、小量活动，不要停训，有利于淤血肿胀的消散吸收。

（三）踝关节扭伤

因场地不平，或拼脚，或被对方蹬、踩、拌，踝关节容易发生内翻、外翻或扭伤。检查方法：看红肿程度；能否做屈伸踝动作；内、外翻韧带松不松；叩击足跟底部痛不痛等。一般单纯性关节扭伤，是关节一周痛，肿在关节缝内，能做屈伸和内、外翻动作，若是跟腓前韧带损伤，大多是内翻式扭伤，外踝上部肿胀，局部压痛，作内翻重复动作时最痛；若是跟腓后韧带损伤，外踝下部肿胀、压痛，做内翻动作时，如足背第 5 跖骨基底部疼、局部肿胀、压痛，足前拿挤压痛时，需照 X 光片，除第 5 跖骨基底部骨折外，踝屈伸动作如果受限，还须考虑小关节脱臼的可能。如无骨折可疑，只是关节囊、韧带损伤，就在患处喷冷冻剂或冷敷，再加压包扎固定。如是内翻式扭伤的，绷带要从外调向上包裹，以限制足踝再次内翻。扭伤重者，不能行走，应停止参加比赛，扭伤轻者，处理后可继续上场，赛后再对症治疗。一般踝关节扭伤，包括关节囊、韧带损伤，须外敷五虎丹或新伤一号，消肿止痛，高抬患肢。三天后开始深蹲、踝部按摩，促进囊内积液吸收。一般伤情轻者 3 ~ 5 天可愈，重者 7 ~ 10 天可痊愈。

（四）肌肉拉伤

当球员带球冲刺、射门、长传、接高球、急停、急转时，都可能发生大腿前后部、小腿三头肌拉伤。一般伤轻的喷点冷冻剂，戴上护腿又可上阵；中等受伤者，除喷剂外，加压包扎、加护腿，基本还能坚持比赛；伤重者行走困难，要抬出场冷敷包扎，高抬患肢，停止比赛。肌肉拉伤后，除上述处理外，还可在痛点集中处，打泼尼松液局部封闭。两天后配合按摩，电脉冲按摩、以助肌纤维损伤早日恢复。

（五）大、小腿肌肉抽筋

赛中或赛后抽筋，是常见现象，是由于肌肉失去正常调节功能的一种强直性收缩反应。造成的原因有：跑动过多，肌肉太累，突然冲刺；出汗太多，盐分丧失超量；天冷肌肉发僵，受突然动作的强刺激等。抽筋后，首先精神要放松，设法使抽筋的肌肉被动伸长，痉挛现象就会逐渐缓解。具体治疗方法可以这样进行：大、小腿后部肌肉群抽筋时，可平坐地上，伸直大、小腿，将足前掌上翘，休息几分钟就会好；厉害的抽筋，需要别人帮助扳腿。可让病人平躺地上，将大、小腿尽量伸直，再将足背上翘，并配合点"殷门"穴（大腿后中部）、"承山"穴（小腿后中部），静止不动 3 ~ 5 分钟，一般可缓解。如还不行，可再重复伸脚、扳脚、点穴。因出汗过多者，要加服盐片 3 ~ 4 片。

（六）足掌、足趾下起水泡

地硬、鞋紧，常使足前掌内、外侧或足趾下起水泡、血泡。处理方法：先用碘酒、酒精消毒，再用 7 号注射用针头挑破水泡放水，用消毒棉球挤净，放一点消毒棉花在伤口处帮助吸水，外贴胶布后即可继续参加比赛。赛后，还可以进一步用紫药水、四环素药膏处理，每次洗澡后更换敷料，只要不感染，三两天就会好的。

（七）伤后治疗

足球运动创伤的特点是硬伤多，一般伤情较重。除骨折或韧带断裂外，如治疗及时，容易恢复。没受过伤的足球运动员是很少的，场上急救处理也只是初步治疗，真正的治疗还得场下系统地进行，要求是不留后遗症。一般人可以全休养伤，而运动员不行。运动技术的基本功要天天练，运动员带伤边治边练是经常的。这可以促进损伤愈合，尽早恢复。急救处理、伤后系统全面治疗和早期功能锻炼，是运动创伤治疗过程的三部曲。

淤血治疗办法：

（1）受伤后24～48小时不能热敷、搓揉，以免加速血液循环，使毛细血管出血加剧，增加皮下淤血，应该用冷水冲淋或冰袋敷，以收缩血管。

（2）24～48小时后，就要通过各种活血散淤的方法来消除淤血了，比如按摩，也可以用一些外用药，比如红花油、云南白药气雾剂等，再加上适度运动以促进血液循环。

（3）具体散淤的时间要看，个人的体质，有的人血小板少，就会容易淤血。

六、冬季足球运动注意事项

天气越来越冷了，根据以往的经验，冬天踢球特别容易受伤，这主要是大家对低气温下运动自我防护做得不够。

（1）赛前热身。这点很多队员都知道，但却不是每名队员都会做赛前热身运动的。正确的方法是：首先要活动全身关节部位，包括颈、肩、肘、腕、腰、膝、踝等；其次慢跑10～20分钟，以身体微微出汗为准；然后再活动关节，拉伸肌肉（大约10分钟），包括上身肌肉，腿部肌肉等；接着才做有球练习。这样可以很有效地预防运动受伤。

（2）赛中保护。足球比赛是激烈的对抗运动，首先要有自我保护的意识，别硬碰硬，必要的时候需要收一下；其次不要经常做飞铲或倒地这样的身体失去平衡的动作；最后有身体碰撞的时候要学会在地上打滚，侧翻或后翻，合理地做出足球防护动作，避免受伤。

（3）赛后添衣。有队员比赛后不更换衣服，这样很容易感冒。应该多带几件衣服，比赛结束后及时换上干燥的衣物，避免着凉。中场休息时，也应该换掉比赛衣服，待比赛时再穿上。

（4）量力而行。身体有重大疾病（如心脏病、肺结核、严重的肝肾脏疾病）的人不适合做剧烈的体育运动，更不适合踢足球。这个需要大家自己了解自己的身体，量力而行。

（5）赛后恢复。运动之后，大家身体处于疲劳期，这段时间也是身体免疫力低下的一段时期。这个时候一定要注意休息和营养。保证休息时间，按时吃饭。多吃一些富含维生素和碳水化合物的食品，避免饮酒和大量食用肉类等不易消化的食物。

七、足球运动的益处

足球是对抗性很强的集体竞赛项目，在这个既需要激烈竞争，又需要团结协作的运动项目中，人的意志品质和竞争意识会得到磨炼。足球运动能够培养人积极向上、勇于拼搏、不怕困难、吃苦耐劳的精神。同时，足球比赛中的情况瞬息万变，错综复杂，对运动员的思维、观察、判断、反应等能力的提高也有帮助。经过长期的足球训练，也许不能成为一名优秀的运动员，但我们的思维会更敏捷，判断能力会更准确，视野会更开阔，意志会更顽强。我们对社会环境的适应能力和竞争能力等整体综合素质能得到发展和提高。足球运动对人身体素质的要求是很高的，它需要高速度的奔跑能力，控制身体重心的能力，灵活的步伐、步点，对抗中的力量素质，以及良好的耐力和柔韧素质。在足球训练过程中，科学的训练方法，合理的运动负荷，循序渐进的教学方式，会进一步发挥我们身体素质方面的优势，改善我们身体素质方面的不足，使身体素质水平得到全面地提高。只要能持之以恒、不懈努力，我们将会拥有强壮的体魄和矫健的身手。

身高是反映人体骨骼发育状况的指标。经常参加足球运动能促进青少年骨骼的生长发育，促进身高的增长。根据有关资料表明：足球运动员身高增长高峰期在 13～14 岁，这两年平均每年增长 8 厘米，一般增长 6～10 厘米，个别增长 10 厘米以上。15 岁以后增长速度减慢。作为运动员，身高的增长主要受遗传、营养、吸收能力、饮食习惯、作息制度等因素的影响。从医学角度来讲起主导作用且不可改变的是遗传因素，但体育锻炼也将起到极其重要的作用。体重是反映人体骨骼、肌肉发育程度的指标，对衡量人体的生长发育和健康状况有重要意义。足球比赛时要通过各种形式的有球和无球活动，例如踢球、接球、运球、头顶球、抢、断球等身体动作，以及奔跑、急停、转身、倒地、跳跃、冲撞等，这些身体运动能有效地发展人体的速度、力量、耐力、灵敏、柔韧等身体素质，提高人体神经系统、心血管系统、呼吸系统等内脏器官系统，以及肌肉骨骼等运动系统的功能。另外，足球运动主要在室外自然环境中进行，它能充分利用自然因素，达到增强体质、提高人体健康水平的目的。

足球训练能促进人体的新陈代谢，改善呼吸系统、心脏等器官的功能，增加食欲。同时，它对提高青少年的肌肉、韧带力量等具有较好的效果。研究结果表明：运动员体重的增长，大大超过同年龄人群的体重增长指数。结实、发达的肌肉，对体形的健美、运动能力的提高，以及对各种运动创伤的预防都有重要的作用。

足球比赛时，由于双方的激烈对抗，场上攻守频繁转换，局面变幻莫测，这对运动员的感知力、观察力、记忆力、想象力、思维能力和创造能力都有较高要求。经常参加足球运动和比赛，能改善人的心理素质，长期参加足球运动还可以培养人勇敢顽强，机智勇敢，坚忍不拔，胜不骄败不馁等意志品质，以及热爱集体、团结协作、遵守纪律、敢于竞争、光明磊落、文明礼貌等优良的道德品质。

总之，长期、系统的体育锻炼对处于生长发育期的青少年的身体素质、心理素质、思想品质、智力培养都具有极其重要的价值。因此，我们殷切希望同学们要坚持锻炼，挖掘潜质，促进综合素质的发展，使你成为一名德、智、体全面发展的、适应现代社会发展需要的优秀人才。

第二节　篮球运动

一、什么是篮球

（一）篮球运动常识

1. 篮球

篮球是一个由两队参与的球类运动，每队出场 5 名队员。目的是将球投入对方球篮得分，并阻止对方获得球或得分。可将球向任何方向传、投、拍、滚或运，但要受规则的限制。篮球比赛的形式多种多样，如最流行的街头三人篮球赛，它是三对三的比赛，更讲究个人技术。当今世界水平最高的篮球联赛是美国的国家篮球协会（NBA）联赛。篮球在 1904 年列为奥运会的表演项目，到 1936 年柏林奥运会成为正式比赛项目。女子篮球到 1976 年蒙特利尔奥运会才成为正式比赛项目。

篮球运动是以投篮、上篮和扣篮为中心的对抗性体育运动之一，它为美国马萨诸塞州菲尔德基督教青年会训练学校教师詹姆士·奈史密斯博士于 1892 年 1 月（另一种说法是 1891 年 12 月）所创。

2. 历史起源

1891 年 12 月初在美国马萨诸塞州斯普林菲尔德市基督教青年会国际训练学校（后为春田学院），该校体育教师詹姆士·奈史密斯博士为了解决冬季室外寒冷，橄榄球、棒球无法正常开展，从而发明了篮球。他借鉴篮网球的规则，为当年的篮球制定了 13 条规则。奈史密斯博士于 1939 年去世。他未曾料到，由他创建的篮球项目后来竟然发展成为美国国内的第三大运动，以及世界第十大球类运动，参与人数甚至略微超过了冰球。为了纪念奈史密斯博士发明篮球的功绩，人们在春田学院校园内修建了美国篮球名人馆——詹姆士·奈史密斯纪念馆。

起初，奈史密斯将两只篮筐分别钉在健身房内看台两端的栏杆上，篮筐上沿距离地面3.04米（约10码），用橄榄球作为比赛工具，向篮内投掷。投球入篮得1分，按得分多少决定胜负。每次投球进篮后，要爬梯子将球取出再重新开始比赛。以后逐步将竹篮改为活底的铁篮，再改为铁圈下面挂网。开始，人们称这种游戏为"奈史密斯球"或"筐球"。很长一段时间之后，经过他与同事们反复商量才把它正式定名为"篮球"。

到1893年，才形成近似现代的篮板球、篮圈和篮网。最初的篮球比赛，对上场人数、场地大小、比赛时间均无严格限制。只需双方参加比赛的人数必须相等。比赛开始，双方队员分别站在两端线外，裁判员鸣哨并将球掷向球场中间，双方跑向场内抢球，开始比赛。持球者可以抱着球跑向篮下投篮，首先达到预定分数者为胜。最初制定的13条比赛规则，主要是规定不准持球跑，不准有粗野动作，不准用拳击球，否则即判犯规，连续3次犯规判负1分；比赛时间规定为上、下半时，各15分钟；对场地大小也作了规定。后来上场比赛人数逐步缩减为每队10人、9人、7人……1893年定为每队上场5人。

1904年在第3届奥林匹克运动会上第1次进行了篮球表演赛。1908年美国制定了全国统一的篮球规则，并有多种文字出版，发行于全世界。1936年第11届奥运会，男子篮球被列为正式比赛项目，并统一了世界篮球竞赛规则。此后，到1948年的10多年间，规则被多次修改，与现行规则有关的重要变化是：将得分后的中圈跳球，改为失分队在后场端线外掷界外球继续比赛；进攻队必须在10秒钟内把球推进到前场；球进前场后不得再回后场；进攻队员不得在"限制区"内停留3秒钟以上；投篮队员被侵犯时，投中罚球1次，投不中罚球2次等。1952年和1956年第15、16

两届奥运会的篮球比赛中，出现了两米以上的人，国际业余篮球联合会曾两次扩大篮球场地的"限制区"（也叫"3分区"）；还规定，一个队控制球后，必须在30秒内投篮出手。有关10秒进前场和球回后场的规定，一度因1960年第17届奥运会后取消了中场线、改画边线的中点而中止。1964年第18届奥运会后，又恢复了中场线，这些规定又继续执行。1977年增加了每队满10次犯规后，在防守犯规时罚球两次，防投篮时犯规两罚有1次不中再加罚1次的规定。1981年又将10次犯规后罚球的规定缩减到8次。很明显，人员的变化，技术、战术的发展引起了规则的改变，而规则的改变又促进了人员和技术、战术的进一步发展变化。特别是20世纪50年代后期以来，规则的改变对篮球比赛的攻守速度，对运动员的身体、技术、战术，以及意志、作风等各方面都不断提出新的更高的要求，促进了篮球技术水平的迅速提高。女子篮球是1976年第21届奥运会上才被列为正式比赛项目的。

　　篮球运动是1896年前后由天津中华基督教青年会传入中国的，随后在北京、上海基督教青年会里也有了此项活动。1910年的全运会上举行了男子篮球表演赛之后，篮球运动逐渐在全国各大城市的大、中学校开展起来，其中以天津、北京、上海开展得最好，水平也最高。当时的比赛规则很简单，在球场中间画一个直径约1米的中圈，中锋队员跳球时一只手必须置于背后腰部，任何一足不得踏出圈外。技术也简单，中圈跳球后，谁接到球就自己运球，超过防守人就投篮。当时只会直线运球前进，传球方法是单、双手胸前传球，跑动投篮是用单手低手上篮，立定投篮无论远近都是用双手腹前低手投篮。1925年前后，进攻和防守的5名运动员，有了较明确的分工，中锋对中锋，后卫对前锋，有人盯人，各自盯住自己的对手。但前锋的职责是只管进攻投篮，不管退守；后卫的职责是只管防守抢截球，不管投篮。前锋和后卫很少全场跑动，只有中锋要攻守兼顾。以后又逐渐改为两后卫1人助攻（活动后卫），1人留守后场（固定后卫），两前锋也变为1人留在前场专管偷袭、快攻，1人退守后场助防。技术动作也有所发展，跑动投篮出现了单手、高手投篮，立定投篮出现了双手胸前投篮，传球出现了单、双手击地传球，运球出现了两手交替运球躲闪防守和超越防守向前推进的技术。规则中增加了罚球区和罚球线，队员犯规4次即被取消比赛资格，犯规罚球可由队长指定任何1个队员主罚。比赛时间分为上、下半时各20分钟，中间休息10分钟。每次投中或罚中后，都在中圈跳球，重新开始比赛。

1892年，为了完善篮球游戏，篮球运动的发明人奈史密斯订出18条简易规则，篮球运动进入对抗比赛的阶段，继而产生了比赛的组织领导者、执法公断者——裁判员。

外国称篮球裁判为"球证"，每场比赛有正、副两个"球证"。建国前，中国称篮球裁判为"司令"，每场篮球赛只有一个"司令"。新中国成立后改称"裁判员"，每场球赛设正、副两个裁判员。中国现行篮球裁判分为五级：国际级、国家级、一级、二级、三级。由于篮球比赛的节奏越来越快、对抗强度越来越大，为了更全面、准确地执行规则，有些国家已开始试行每场比赛设前、中、后三个裁判员。

3. 篮球场地

篮球比赛场地应是一个长方形的坚实平面，无障碍物。奥运会篮球比赛和世界篮球锦标赛的比赛场地长度为28米，宽15米，其他比赛长度可减少4米，宽度减少2米，要求其变动互相成比例。球场的丈量从界线的内沿量起。所有新建球场均应符合国际篮联要求：长28米，宽15米。天花板或最低障碍物的高度至少应为7米。长边的界线称边线，短边的界线称端线。球场上各线都必须十分清晰，线宽均为0.05米（5厘米）。从边线的中点画一条平行端线的横线称为中线。中线应向两侧边线外各延长0.15米（15厘米）。以中线的中点为圆心，以1.80米为半径（半径从圆周的外沿量起），画一个圆圈称为中圈。三分投篮区是由场上两条拱形限制出的地面区域。在此区域外投篮得三分。罚球区是限制区加上以罚球线中点为圆心、以1.80米为半径向限制区外所画的半圆区域，它是执行罚球的区域。从罚球线两端画两条线至距离端线中点各3米的地方（均从外沿量起）所构成的地面区域叫限制区。它的作用是：球在本队控制时，限制本队队员在对方限制区内停留的时间不得超过3秒钟。

4. 篮球术语

（1）扣篮：运动员用单手或双手持球，跳起在空中自上而下直接将球扣进篮筐。

（2）补篮：投篮不中时，运动员跳起在空中将球补进篮内。

（3）卡位：进攻人运用脚步动作把防守者挡在自己身后（多用于冲抢篮板）。

（4）领接球：顺传球飞行方向移动，顺势接球。

（5）错位防守：防守人站位在自己所防守的进攻人身侧，阻挠他接球。

（6）要位：进攻人用身体把防守人挡在身后，占据有利的接球位置。

（7）运球突破：运球超越防守人。

（8）空切：进攻人空手向篮下跑动。

（9）一传：获球者由守转攻的第1次传球。

（10）盖帽：进攻人投篮出手时，防守人设法在空中将球打掉的动作。

（11）补位：当1个防守人失掉正确防守位置时，另1个防守人及时补占其正确的防守位置。

（12）协防：协助同伴防守。

（13）紧逼防守：贴近进攻人，不断运用攻击性防守动作，威胁对方持球的安全或不让对方接球。

（14）斜插：从边线向球篮或者向球场中间斜线快跑。

（15）时间差：在投篮时，为躲避对方防守的封盖，利用空中停留来改变投篮出手时间。

（16）接应：无球进攻队员，主动抢位接球。

（17）落位：在攻防转换时，攻守双方的布阵。

（18）策应：进攻队在前场或全场通过中间队员组织的接应和转移球的战术配合，造成空切、绕切，以及掩护等进攻机会。

（19）溜底：进攻时在边线附近站位，沿底线向另一边的边线附近跑动。

（20）人盯人：一名球员对一名球员。

（21）加罚一球：当持球进攻球员在做出投篮动作时被防守队员犯规并且球进，则记该进球有效并且加罚一球。

（22）化学反应：用于形容一支球队的整体状态，包含球员状态、团队配合状态，以及教练的战术安排，等等。

5. 规则

1）基本规则（奈史密斯制定的篮球规则）

基本规则如下：

（1）篮球运动是用手进行的运动，球是圆的；

（2）手拿着球走或者跑都是不允许的；

（3）运动员可以到场上任何地方，只要不影响和妨碍对方运动员；

（4）运动员与运动员之间不允许发生身体接触；

（5）篮圈应该是水平的。

根据这 5 条基本原则，奈史密斯先生制定出最原始的篮球竞赛规则。最原始的篮球竞赛规则一共有 13 条。这 13 条的基本内容是：

①球员可以用单手或双手向任何方向扔球。

②球员可以用单手或双手向任何方向抢、打球，但绝对不能用拳头击球。

③球员不能带球走。

④必须用手持球，而不允许用头顶、脚踢球。

⑤不允许球员用肩撞、手拉、手推、手打、脚绊等方法来对付另一方的队员。任何队员违反此规则，第一次被认为是犯规，第二次再犯规，就要被强行停止比赛，直到命中一个球后才能重新上场参加比赛。如果有意

伤害对方球员，就要取消他参加整个比赛的资格，且不允许替补。

⑥用拳击球就是违反第 3 条和第 4 条规则。

⑦如果任何一方连续犯规 3 次，就要算对方命中一球。连续犯规的意思是指：在一段时间里，对方队员未发生犯规，而本方队员接连发生犯规。

⑧如果防守者没有触到球或干扰球，当球投入篮内并停留在篮里就算中篮。如果球停在篮筐上，而对方队员触动了篮筐，也算命中一球。

⑨当球出界，球将由第一个接触球者扔进场内。若有争论，裁判员将球扔进场内。掷界外球允许 5 秒钟，如果超过 5 秒钟，球判给对方。

⑩主裁判员是球员的裁判，他有权吹犯规。当某队连续 3 次犯规，他将通知副裁判员。他有权宣布取消某队员的比赛资格。

⑪副裁判员是球的裁判，他可决定什么时候球在比赛中，并要计时、决定球的命中、记录命中的球数以及承担通常裁判员应该承担的责任。

⑫比赛在两个 15 分钟内进行，中间休息 5 分钟。

⑬球命中最多的一方获胜，如果平局，经双方队长的同意，比赛可延至再命中一球为止。

这原始的 13 条篮球竞赛规则，虽然不系统、不完整，有些条文还不够明确，但对初期篮球运动的发展起着很大的推动作用。特别是篮球运动发展到今天成为现代篮球运动，技、战术水平越来越高，规则就显得更加重要，它要求严格、科学、系统地管理篮球竞赛。

2）规则演变

规则的修改，促进了篮球运动的发展，而篮球技、战术水平的不断提高，又促进了对规则不完善地方的适当修改或补充，从而使篮球运动向健康与高级的方向发展。

规则与篮球技、战术就像生产力与生产关系一样，是相辅相成、相互依赖、相互促进的关系。规则通过肯定、否定、允许或不允许，来保证篮球比赛的正常进行，促进篮球运动的健康发展。球场上符合规则的动作，就是正确的动作，反之是错误动作。

规则从最初的 13 条发展到现在的 58 条，篮球技、战术从原来的简单、低级发展到现在的高级水平，都是它们许多年来相互制约、相互促进的结果。如：运球技术从最初的以肘关节为轴发展到现在的以肩关节为轴，正是因为规则对发展中的技术不断肯定的结果。现在，规则明确指出：运球结束的标志是双手触球的一瞬间或运球的手掌心向上，大拇指超过垂直面时即运球结束。如掌心始终向下，大拇指未超过垂直面，球是不可能在手上有停留的。所以，以肩关节为轴的大臂运球与单手后拉、后转身运球的现代技术就以法定的形式肯定下来了。再如：投篮技术的发展，从最初的原地双手胸前投篮，发展到现在的高手自上而下的扣篮与单手或双手的补篮等高超的技术，规则明确规定都算队员在做投篮动作。因此，扣篮、补篮等现代技术就得到了迅速发展。而近年来，比赛中出现后仰跳投、后撤步跳投、勾手跳投等多种形式的技术，也是因为规则对攻守技术强调了垂直面的原则、腾空队员原则等几个处理身体接触与犯规的基本原则所决定的。在犯规处理上，特别强调了攻守平衡的指导思想，迫使和促进了投篮队员为摆脱防守、避免撞人犯规而采取的各种形式的跳投技术，以达到得分的目的，进而推动了防守战术的不断发展等。

国际篮联在一般情况下，每隔 4 年对规则要进行一次修改与补充，其目的是促进篮球技、战术进一步的发展，并限制粗暴动作，使比赛向文明、干净及紧张激烈和富有魅力的方向发展。规则的变化是不可知的，它是按一定的修改目的来进行的。具体的修改规则的指导原则如下：

（1）公平。这是修改规则的基础。规则应该对比赛双方都是公平的。因为篮球比赛是双方在等同的时间、空间、地面、人数的条件下进行篮球意识、技战术及身体素质的较量。

（2）均衡。均衡（或者是平衡）是指进攻和防守这两个方面必须保持平衡。如一场比赛很容易得分或很难得分，都会使比赛变得呆板而不精彩，那么篮球比赛使人兴奋的魅力将会丢失。

（3）定义。规则定义要言简意明，文字确切。

（4）编纂。规则要编纂，避免重复，做到前后一致，不得自相矛盾。

（5）简短。规则要简短扼要，避免啰唆，使人很难领会。

（6）例外。规则正面作了许多规定，如没有例外的规定（即注解），规则很难实行，例外正是为了保证正面规则的实施。

（7）安全。规则要保证人身安全，保证比赛在良好的环境与气氛中顺利进行。

（8）权力。必须给裁判员权力，让其在比赛中有权威地胜任工作，执行规则。

（9）连续。规则要使比赛尽可能地减少中断次数，从而保证比赛的连续进行，使比赛更紧凑、更精彩。

（10）无利。规则要使比赛的任何一方都不能从违反规则中得好处，从而使比赛公平合理地进行。

篮球运动属于激烈运动，长期坚持打篮球对于自己的肌肉有很大的变化，身体组织也会逐渐强大起来。

3）现存规则

比赛方法：一队五人，其中一人为队长，候补球员最多七人，但可依主办单位而增加人数。比赛分四节，每节各 10 分钟，NBA 为 12 分钟（NBA 全明星新秀赛和美国大学生篮球联赛为每节 20 分钟，共 2 节），每节之间休息 5 分钟，NBA 为 130 秒，中场休息 10 分钟，NBA 为 15 分钟，另外，NBA 中在第 4 节和任何加时赛之间休息 100 秒。比赛结束两队积分相同时，则举行延长赛 5 分钟，若 5 分钟后比分仍相同，则再次进行 5 分钟延长赛，直至比出胜负为止。

得分种类：球投进篮筐经裁判认可后，便算得分。3 分线内侧投入可得 2 分；3 分线外侧投入可得 3 分。不管是脚跟还是脚尖踩到 3 分线进的球视为 2 分球。罚球投进得 1 分。

进行方式：比赛开始由两队各推出一名跳球员至中央跳球区，由主审裁判抛球双方跳球，开始比赛。

选手替换：每次替换选手要在 20 秒内完成，替换次数则不限定。交换选手的时间选在有人犯规、争球、叫暂停等。裁判可暂时中止球赛的计时。'

罚球：每名球员各有 4 次被允许犯规的机会，第五次即犯满退场（NBA 中为 6 次），且不能在同一场比赛中再度上场。罚球是在谁都不能阻挡、防守的情况下投篮，是作为对犯规队伍的处罚，给予另一队的机会。罚球要站在罚球线后，从裁判手中接过球后 5 秒内要投篮。在投篮后，球触到篮筐前均不能踩越罚球线。

违例：大致可分为普通违例、跳球违例、超时违例、三秒违例等。普通违例：如带球走步、两次运球（双带）、脚踢球（脚球）、球出界、回场或以拳击球。跳球违例：除了跳球球员以外的人不可在跳球者触到球之前进入中央跳球区。超时违例：发球超时、禁区内超时、过后场超时、罚球超时、24 秒超时等。三秒违例：在防守对方球员时，除非有防守任务直接面对对方运球者，否则不能在三秒区内站立超过三秒钟（抢篮板也不行）。

6. 主要位置

1）控球后卫

控球后卫是球场上拿球机会最多的人。他要把球从后场安全地带到前场，再把球传给其他队友，这才有让其他人得分的机会。一个合格的控球后卫必须要能够在只有一个人防守他的情况下，毫无问题地将球带过半场。然后，他还要有很好的传球能力，能够在大多数的时间里将球传到球应该要到的地方：有时候是一个可以投篮的空当，有时候是一个更好的投球位置。简单地说，他要让球流动得顺畅，他要能将球传到最容易得分的地方。再更进一步地说，他还要组织本队的进攻，让队友的进攻更为流畅。对于一个控球后卫还有一些其他要求。在得分方面，控球队员往往是队上最后一个得分者，也就是说，除非其他队友都没有好机会出手，否则他是不轻易投篮的。或者从另一个角度说，他本身有颇强的得分能力，而以其得分能力破坏对方的防守，来替队友制造机会。总而言之，控球队员有一个不变的原则：当场上有任何队友的机会比他好时，他一定将球交给机会更好的队友。

2）得分后卫

得分后卫以得分为主要任务。他在场上是仅次于小前锋的第二得分手，但是他不需要练就像小前锋一般的单打身手，因为他经常是由队友帮他找出空当后投篮的。正是如此，他的外线准头与稳定性要非常好。得分后卫经常要做的有两件事：第一是有很好的空当来投外线，因此他的外线准头和稳定性一定要好，否则会打击全队的士气和信心；第二则是要在小小的缝隙中找出空当来投外线，所以他出手的速度要快。一个好的得分后卫不能企望每次都有这么好的空当，应该能在很短的时间内找机会出手，而命中率也要有一定的水准，这样才能让敌方的防守有所顾忌，必须拉开防守圈，而更利于队友在禁区内的攻势。

3）小前锋

小前锋乃是球队中最重要的得分者。对小前锋最根本的要求就是要能得分，而且是较远距离的得分。小前锋一接到球，第一个想到的就是要如何把球往篮筐里塞。他可能会抓篮板，但并不必要；他可能很会传球，但也不必要；他可能弹跳很好，但仍不必要；他可能防守极佳，但还是不必要。小前锋的基本工作就是得分、得分、再得分。小前锋是对命中率要求最低的一个位置，一般而言只要四成五就算得上合格，而四成以上都可以接受。当然这有一个前提，就是他要能得分。为什么小前锋的命中率可以比较低呢？因为他是队上主要得分者，他经常要积极找机会投篮，要在某些时刻稳定军心，甚或以较困难的方式单打对手来提升士气，乃至于给对手下马威，给予敌方迎头痛击等。因此小前锋会有较多的机会出手，而且可能是不太好的机会，所以可以容许他的命中率稍低，只要他能得分。

4）大前锋

大前锋在队上担任的任务是非常重要的，要抢篮板、防守、卡位等。

大前锋可以说是在一场比赛中不可缺少的角色。大前锋的身体素质要够硬，速度、弹跳力和力量都是不可缺少的。抢篮板需要速度、弹跳力和力量如果没有速度，可能就被对方抢了篮板球。弹跳力不好也很容易被那些弹跳力好的抢去篮板球。大前锋的首要工作是抓篮板球。大前锋通常都是队上篮板抢得最多的人，也是创造得分机会最多的人。如果没有了大前锋，光靠中锋是抢不到几个篮板球的。大前锋在禁区卡位，与中锋配合，往往要挑起全队的篮板重任。而在进攻时，他又常常帮队友挡人，然后在队友出手后设法挤进去抓篮板，做第二波的进攻。大前锋出手的机会不会很多，但也不会很少，而其投篮的位置又经常很靠近篮筐，对其投篮的命中率要求也较高。以场上五个位置来说，大前锋应该是命中率最高的一位，不错的大前锋的命中率应该达到五成五以上。不过由于得分不是他的强项，所以他的得分可以不多，但是篮板就一定要抓得多。此外，防守时的"盖火锅"（就是对方在篮球出手后，上升的过程中把篮球盖掉）能力自然也是大前锋所必备的，因为他要巩固禁区，防守当然重要。

5）中锋

中锋是要配合大前锋抢篮板和传球运球。首先，篮板球是中锋绝对不可或缺的，但不如大前锋抢篮板球的几率高。其次，禁区是各队的兵家必争之地，不能让对手轻易攻到这里面来，所以阻攻、盖火锅的能力也少不得。而在进攻时，中锋经常有机会站在靠近罚球线的禁区内（此乃整个进攻场的中心位置）接球，此时他也应具备不错的导球能力，将球往较适当的角落送出。以上三项，是中锋应具备的基础技能。而在球队中，中锋也经常身负得分之责，他是主要的内线得分者，与小前锋里外对应。因为他要能单打，所以在命中率上的要求可以低些，但他出手的位置又往往较接近篮筐，所以命中率又应该高些，大致来说，五成二可以作为一个标准。对中锋命中率的要求，是仅次于大前锋的。在进攻方面，中锋在接近篮筐的位置要有单打的能力，他要能背对着篮筐做单打动作，转身投篮是最常见的一项，而跳勾、勾射则是更难防守的得分方式。防守上，一个好的中锋,除了守好自己该看的球员之外,适时帮助队友防守是必需的。简单地说,若敌方的球员晃过了队友的防守而往篮下进攻攻,中锋要守住己方的禁区。

(二)比赛中的技巧及基本功

1. 投篮注意事项

篮球的训练和比赛中可以有很多不同的投篮方式,但不管哪种投篮方式,有两点是必须做到的:

第一,从脚底发力。也就是说,虽然是用手投篮,但力量是从脚前掌发起,然后通过脚踝、膝盖、胯部、上体、手臂、手腕,最后传递至手指尖将篮球投出。力量的整个传递应该是一个连贯协调的过程。

第二,手臂姿势。上臂与前臂呈 90 度,而手腕后伸也与前臂呈近 90 度,并与上臂平行。手指持球的后、下部。投篮时,向上、向前伸臂(指向篮筐),向上、向前用力屈手腕,最后用手指将球推出,这样投篮会使篮球产生下旋,碰到篮板或篮筐不会产生很大的反弹。还应该让手与篮球接触的时间尽量长(即随球动作时间长),这样有利于控制球的运动方向,增加投篮的命中率。开始时不要过多地考虑球是否投进了篮筐,要把注意力集中到身体的姿势、动作以及整个投篮动作的节奏中。每次投篮要重复同样的动作要领,正确的投篮动作变得很顺畅的时候,命中率自然会因此而提高。还应该在离篮筐不同的位置、角度练习投篮。

2. 提高投篮命中率的技巧

篮球是一项技术综合性较强的运动项目,投篮得分的多少,决定着比赛的胜负。提高投篮命中率的方法如下:

第一,加强规范化投篮动作的练习。投篮的动作有单手和双手,不论采用哪种方式,都要严格地按规范化运作去做。培养和掌握投篮时的肌肉感觉是优于一切的先决条件,应加大规范化投篮动作的练习,最终达到动力定型。

　　第二，提高身体的训练程度。身体训练程度是完成各种技术动作的基础，对投篮命中率有明显的影响。如身体训练较差的队员，运动量增大时，命中率就明显下降。因此，应把投篮与身体训练结合起来，在一定强度下限时限数投篮训练，以便在紧张激烈的比赛中有足够的体力保证投篮命中率的稳定和提高。

　　第三，选择良好的投篮时机、果断出手。良好的投篮时机，是提高投篮命中率的关键。一次好的得分机会是靠个人和全队配合来创造的，要善于捕捉投篮的时机。投篮者要观察防守队员的重心、位置、防距，一旦防守者失掉了正常的防位，不能干扰投篮时，或投篮者利用假动作诱使防守者失掉重心、位置和防距时，投篮者创造了投篮机会，果断出手。利用全队战术创造出来的机会或利用攻防双方出现暂时的时间差和空间差立即投篮。

　　第四，要有强烈的投篮欲望和自信心。强烈的投篮欲望和自信心是提高投篮命中率的前提，对投篮起着重要作用。在教学中要使投篮者得以全面锻炼，掌握各种投篮技巧，发挥他们的主观能动性。在平时应对学生多一些关心、帮助，多一些鼓励和表扬，培养投篮者的自信心。

　　第五，加强全身协调性和出手动作稳定性的训练。比赛中，常看到有些投篮者在突然受到外力作用失去身体平衡时，仍能将球投进，这说明投篮者身体协调性好，在球出手的瞬间，身体和手是相对稳定的，投篮者的时空感强、手感好、自信心强，使整个投篮动作力量均匀、柔和，动作自然、连贯、流畅。

　　第六，选择合适的投篮出手角度和球的飞行路线。据科学和实践证明，球的出手角度影响着球的飞行路线。球的飞行路线一般有低弧线、中弧线和高弧线三种，以中弧线为最佳。但由于投篮距离、队员身高和弹跳素质的不同，在投篮时，球的飞行路线也就有所不同，在训练中要根据实际情况来定。同时，稳定的心理因素也是至关重要的，学会自我调节和自我心理暗示，不要受裁判、场地、观众、气氛和比分的影响，采取合理、果断的行动进行投篮。

3. 单手原地投篮

单手原地投篮对青少年来说是一种基本投篮方式。

动作方法：右手投篮时，右脚在前，左脚稍后，两膝微屈，重心落在两脚掌上。右手五指自然分开，翻腕持球的后部稍下部位，左手扶在球的侧下面，将球举到头部右侧上方位置，目视球篮，大臂与肩关节平行，大、小臂约呈90度角，肘关节内收。投篮时，由下肢蹬腿发力，身体随之向前上方伸展，同时抬肘向投篮方向伸臂，用手腕前屈和手指拨球，使球柔和地从食、中指端线投出。球离手时，手臂要随球自然跟送，脚跟提起。

要点：翻腕持球于肩上，蹬伸屈拨要柔和，中指食指控方向。

4. 跳投

双手持球，非投篮手置于球前方或侧方（按舒服的位置放）。投篮手置于球的后部，双膝微屈，双手持球从胸部上移到眼睛上方，然后双脚向上弹跳。跳起时，屈肘（前臂向后），手腕也向后翻。跳至最高点时，前臂前伸，手腕向前、向下将球投出，随球动作（参考关于投篮）要充分，眼睛要始终盯住篮筐。三分线上跳投开始可能由于力量不够或者长时间中投养成的用力习惯而投不到地方，可以先练习垫投，慢慢适应了远距离投篮，就自然可以跳投了。跳投与投篮习惯也有关系，有的运动员在中投过程中，习惯在投篮时带点滞空，滞空一定对力量有影响，对于中投来讲不要紧，但远投就不一样了，可以试着练习在远投三分的时候减少滞空时间。跳投的时候，手臂上肌肉要协调工作，起跳的时候，通过膝盖脊椎要将上身的力量合理传到手臂，球向前的动力来自腰部和手腕，要求腹肌拉动腰部收缩，而且要掌握手腕的弹性，这样才能投出力量适中弧线合理的球。起跳的时候，身体向上或向后，尽量避免向前冲跳。

以左脚为轴接球，接到球刹那，重心压低，双脚微弯，不管球从哪个方向过来，顺势把球带到自己的腰部处，右脚也顺势准备靠到左脚。右脚靠到左脚后，顺势双脚一蹬，往上跳。在跳的过程中，顺手把球从腰部处举起到头上。右手五指张开，以指尖贴球，掌中心不能接触到球。右手半弯，举球过头。左手轻松摆在球的旁边。身体稍左转，让胳膊面向篮筐，手肘要向下垂。离篮筐较远时，把球提高到额头的高度；离篮筐较近时，球得比头高，尽量把手伸直。眼睛直视篮筐。跳投时，必须保持控制空中的平衡。出手时，指尖往球的下方拨。出手后，手臂伸直，手掌自然下垂，球从腰部处拿起到出手后是一圆弧形。首先在对手面前保持一定距离的拉球跳动，之后在对手的面前拉上一球，然后反手向后拉球，之后向后一跳拿球再跳投（向后那一跳已经和对手保持了一段距离）。带球45度的最佳跳投的角度时，如果有人上前防守，可以利用背向对手用反手的一个假转身（如果对手上当），马上把球拉到胸前做，然后做仰后的跳投。

跳投如何用力？跳起来投篮出手的瞬间全身用力要协调，最不会发力的腰不要松松垮垮的。整个投篮动作要做到自然舒展。出手瞬间球应该贴在手掌上滚着投出去，中指指尖是球最后离开身体的部位。手腕与手掌要做到出手柔和。跳投时，应先从脚部发力。起跳后，腰部发力，但是不要让腰部僵直，到达最高点后，拨腕。注意，最后球离手时，应由手指发力。要做好标准的整个投篮姿势，必须要有很好的弹跳力和滞空力，所以在平时应注意做仰卧起坐和多进行大腿根部以及小腿的训练。

5. 传球的几种方法

采用何种方式传球取决于实际情况。方式虽然不同，但有几点是一致的：所有的传球都是用手指而不是用手掌完成的。为控制球的速度、方向，手指应该尽可能地张开（但不能太僵硬），手腕要有弹性。

篮球中有以下几种主要的传球方式：

（1）胸前传球。从胸前传球快速、有效，是最常用的传球方式。双手持球的技术要领：面向要传球的队友，抬头、屈膝，手指张开，将球持在胸前，两肘微向外，伸臂向外推球时，向前跨出一步，球出手时手指向上、向前推。

（2）（双手）击地传球。击地传球通常用来将球从防守队友张开的手臂下传出。双手击地传球的技术要领与从胸前传球一样，只是球传出时手指向下有力，使球碰地板反弹后，到达接球队友的腰部位置。

（3）低手传球。低手传球是一种近距离的传球，通常用于将球传递给离自己较近的队友。用手指托住球的下半部，伸臂出球时，向传球方向迈一步，做随球动作时固定手腕，也将球传向接球队友的腰部位置。

（4）（双手）头上传球。我们经常看到在篮球比赛中抢到篮板球的队员用这种方式将球传给前场处于有利位置的队友。双手头上传球可以越过防守队员，并且可以传得很远。双手从球的两侧面持球（手指尖朝上），置于头顶，肘部微屈，向传球方向跨一步的同时手腕向后转，球移至脑后，将球向前抛出，手腕向下转发力（同样要做好随球动作）。

6. 运球

运球是指持球队员在原地或行进间用单手连续按、拍借助地面反弹起来的球。

（1）低运球技术：当运球接近防守队员或防守队员来抢球时，运球队员应改用低运球突破对手，用身体保护球，并善于运用假动作摆脱防守。动作要领：两脚前后开立，两膝弯曲，上体稍前倾，抬头看前方，重心落在前脚下掌上，手腕放松，手掌与地面平行，五指自然分开。用手指和指根按、拍球。手心空出，以肘关节为轴，前臂做上下伸压动作，结合手指、手腕缓冲球向上反弹力量，以控制球的高度和落点。一般运球落点应为运球手同侧脚的外侧稍前。运球高度在膝关节以下。为了保护球，运球者应该使球、自己和防守者三者保持一条线。不运球的手臂要抬起。行进间低运球，向前时要拍球的后半部，向左变向时拍球的右半部，向右侧则反之。

（2）高运球技术：多用于快速运球，提高运球高度，加大反弹距离，与快速奔跑相结合。动作要领：膝微屈，上体稍前倾，目视前方，手按球的后半部，球落点在人的侧耳前方（根据速度快慢决定运球距离远近），球的反弹高度在腰胸之间，手脚要协调配合。高运球时，身体重心较高，便于观察场上情况。

（3）运球急起急停：当对方防守盯得很紧，不能用快速运球超越对手时，运用运球速度上的突然变化，急停、急起，摆脱对手或原地静止状态运球，突然急起来超越对手。关键是动作突然，人球一致。动作要领：运球急停时，手拍按球的上方稍靠前，使球与地面成垂直反弹，用异侧臂和身体保护球；启动时，后脚下前脚掌偏内侧用力蹬地，上体前倾，重心前移，同时拍按球的后上方，利用启动速度超越对手。

（4）体前变向换手运球：队员在行进间快速运球，不与对手接近或对手迎上堵截，可选用改变运球方向来突破对手。动作要领：（以从对手右侧突破为例）当快速直线运球即将接近对手时，运球队员先向对方左侧运球，使对手误认为向其左手突破；当对手堵截左方或重心稍有移位时，运球队员立即向左侧变向，右手按球的右后上方，将球由自己的右侧运至左侧前方，同时右脚迅速向左前方跨出，脚下落点在对手右脚侧面，脚下尖向前，右脚跨步的同时上体向左转，用肩背挡住对手，然后换左手按球后上方，同时左脚用力蹬地、加速，超越对手。

7. 控球

（1）原地持球突破：（以左脚为中枢脚从防守右侧耳突破为例）两脚左右开立，两膝微屈，持球于胸前，突破前应先做瞄篮或其他假动作吸引防守队员，或利用向右虚晃动作使防守者重心偏于自己左侧，突破人立即用右脚内侧蹬地，向左前方迈出一大步，脚尖向前，落在对方右脚侧，同时上体左转向防守者右前方插肩，重心向前移。右手迅速将球交到左手放于左侧，在左脚离地前，用左手放球于迈出的前脚侧面，同时左脚全力蹬地，加速超越对方。

（2）同侧步（顺步）突破：（以左脚为中枢脚从防守右侧耳突破为例）同侧步突破假动作主要与投篮密切结合，突破前应先瞄篮，当防守者重心向前或上提时，突破人立即用左脚内侧蹬地，右脚快速向右前方迈出一大步，脚落在防守者左脚侧，同时上体右转，向防守者左前方插肩，在左脚离地前，用右手放球于右脚侧面，然后左脚全力蹬地前进，全速超越对手。右手运球时，左肩、背起到护球和与对方对抗的作用。

（3）跳步急停持球突破：利用向侧耳面或前面跳步急停，与防守队员错位，进行突破，这种突破攻击性强，动作突然，并且能在移动中突然急停，做变向突破。由于是跳步，一步急停，所以两脚任何一脚都可为轴。跳步前，应清楚地了解防守者的位置及同伴的传球路线，随时做好向两侧或向前做跳步急停的思想准备。看到同伴传来球应迅速伸臂向来球方向迎球，同时用异侧脚蹬地，两脚稍腾空，向侧方或前方跳起接球，然后两脚平行落地（任何一脚可以做中枢脚），落地后两腿屈膝，重心降低，前脚掌支撑重心，然后再根据防守者错位情况，迅速用交叉步突破对手。

8. 抢断球

抢断球是篮球的基本技术之一。提高抢断球成功率的方法如下：

第一，要对对方进行紧逼。每个球员都有自己习惯的运球手，应紧逼他最习惯的一侧，迫使他背对着你，同时也背对着篮筐。

第二，一旦他转身背对你，你就应紧紧贴住他，并稍稍下蹲，这样可以向自己的任何一侧迅速移动。同时，还应张开双臂，手掌摊开并要放松，这样一旦有机会便可以出手断球。

第三，只要对手伺机传球，你便可以下手。虽然自始至终他对你都保持高度警惕，防止球被你捅掉，但是因为要寻找自己的传球伙伴，他总会有一瞬间无法对你集中注意力，他企图传球的一刹那正是抢断的最佳时机。此时，可以突然伸手将他的球拍落，然后把球捞回来。

9. 撤滑步防守

撤滑步防守是一项攻击性较强的防守移动技术。当对方企图从防守者的前方或某一方向突破时，防守者利用撤滑步控制对方，抢占有利位置，破坏其突破路线。

撤滑步的关键是：撤步的步幅和步速，撤步的方向和后续滑步的步频，以及身体重心的控制。撤步的步幅要大，步速要快，以达到领先抢占位置（撤步要抢在对方跨出的前脚的稍前方），控制并破坏对方突破路线的目的。

为了加大撤步的步幅，撤步动作应以髋关节为转动点，使骨盆绕一侧髋关节的垂直轴做侧向转动，增大第一步的步幅，同时撤步腿的大腿在充分外展的基础上伴以适度旋外，以增大撤步的步幅。撤步的方向要根据对手的情况而定，一般控制在与突破路线呈45度角的方向。角度过大，容易造成阻挡犯规；角度过小，控制不住对手，使撤滑步变成了后撤步。后续滑步的步频要快，后续步要快速蹬地，并伴有一定程度的辗转。在撤步脚着地瞬间，要快速跟随，向移动方向滑动，并保持防守的基本姿势，以保证后续防守移动的机动性和灵活性。撤滑步时要保持屈膝，上体稍前倾的身体姿势，不能因为撤步而上体后倾，以致失去对身体平衡的控制。在后续滑步时，不能并腿，以免身体重心在滑动中有较大的上下起伏，影响滑动速度。采用撤滑步防守时，绝对不允许对方直线突向篮圈方向，至少应该迫使其沿篮圈在地面投影点的 40~50 度角的斜侧方向突击。

二、篮球运动的益处

篮球运动的益处如下：

（1）促进身体健康发展。篮球运动持续时间可长可短，但需要参与者快速奔跑、突然与连续起跳、敏捷反应与力量抗衡。经常参加篮球运动，可使身体各部分肌肉坚实、发展匀称、体格健壮。篮球运动可以促进力量、速度、耐力、弹跳、灵敏等运动素质的发展。篮球运动也是一项高强度的对抗性运动，要求机体的代谢能力旺盛、体内能源物质的转换快速，因而能使心脏、血管、呼吸、消化等器官的功能增强，促进机体内各系统的工作能力提高。篮球技术、比赛的综合复杂，要求参与者具有良好的分配与集中注意力能力，以及空间、时间和定向能力，要有高度精细的立体感觉能力。如果经常参加篮球运动，在篮球运动过程中经常变换技术动作，对提高神经中枢的灵活性和神经中枢协调支配各器官的能力具有很好的作用。

（2）促进心理健康发展。篮球运动不仅是技术与身体的对抗，也是意志与智慧的较量。篮球运动对心理健康发展有促进作用。篮球比赛也是一场心理交锋。运动员的智慧、胆略、意志、活力与创造力，决定着比赛的成败和运动水平。篮球运动是一项把变换、结合、转移、持续融为一体的集体攻守对抗项目，要求运动员反应快速、判断正确、随机应变、有勇有谋、机智善断，从而能够促进大脑功能与智力的发展。在篮球运动中，通过多种感知觉的参与可以发展学生的运动记忆，经过长期的学习可形成运动技能的动力定型和高度的自动化，这有利于学生在快速、复杂的情况下做出迅速、正确的判断。而且通过篮球比赛，学生的个性、自信心、情绪控制、意志力、进取心、自我束缚能力都有很好的发展。

（3）培养社会适应能力。学校是一个浓缩的社会，其中篮球运动对社会适应能力有培养作用，它拥有与真实社会相似的人际关系、学习和工作压力。篮球运动对培养学生集体主义精神有积极作用。学生之间团结合作、相互协同、默契配合，一切为集体，一切为大局，才能保证比赛的胜利。学生通过和同伴的相互合作，共同完成篮球的技、战术学习过程，共同体验胜利的喜悦和失败的痛苦，有助于拉近学生与学生之间的关系，建立良好的群体关系。良好的人际关系有助于学生建立良好的学习、生活和工作环境，减少学习和工作上的压力。

（4）提高生命活力。篮球活动涵盖了跑、跳、投等多种身体运动形式，且运动强度较大，因此，它能全面、有效、综合地促进身体素质和人体机能的全面发展，提高和保持人的生命活力，为人的一切活动打下坚实的身体（物质）基础，从而提高生活的质量，促进个性发展。通过练习和比赛的过程，能使参与者的个性、自信心、情绪控制、意志力、进取心、自我控制与约束等方面都有良好的发展，以及培养团结拼搏、努力协作、文明自律、遵纪守法、尊重他人等的良好道德品质和集体主义精神。

（5）促进创新能力。篮球活动是一项创造性的活动，所有技、战术都既有原理和规格，又包含着个人的不同表现风格，没有固定的、僵死的模式，每个人、每个队都可以用自己的方式来诠释自己对篮球的理解。也正是由于它的复杂性和多变性，需要参与者必须根据当时的情况随机应变，及时、果断、快速地做出应答行动。而所有这一切，都需要参与者用自己的智慧创造性地去应对场上出现的各种问题，从而有效地提高创新能力。

（6）提高分析能力。由于篮圈在空中，而球可能处在任何位置，所以，篮球场上要展开地面与空间的全方位立体对抗。而且，所有的行动都要受到不同对手的制约，要求参与者依据自身实力，结合不同对手进行分析比较，斗智斗勇、扬长避短、克敌制胜，这能有效地提高参与者的心理（智力、意志力、个性等）、技能、观察、应变等综合能力，锻炼和培养发现问题、分析问题和解决问题的能力。

第三节　乒乓球运动

一、乒乓球运动的基本常识

乒乓球运动是一种世界流行的球类体育项目。它的英语官方名称是"tabletennis"，意即"桌上网球"。乒乓球一名源自 1900 年，因其打击时发出"Pin 克 Pon 克"的声音而得名。在中国以"乒乓球"作为它的官方名称。

1. 起源

1890 年，几位驻守印度的英国海军军官偶然发觉在一张不大的台子上玩网球颇为刺激。后来他们改用空心的小皮球代替弹性不大的实心球，并用木板代替了网拍，在桌子上进行这种新颖的"网球赛"，这就是 tabletennis 得名的由来。

tabletennis 出现不久，便成了一种风靡一时的热门运动。20 世纪初，美国开始成套地生产乒乓球的比赛用具。最初，tabletennis 有其他名称，如 indoortennis。后来，一位美国制造商以乒乓球撞击时所发出的声音创造出 pin 克–pon 克这个新词，作为他制造的"乒乓球"专利注册商标。Pin 克–pon 克后来成了 tabletennis 的另一个正式名称。当它传到中国后，人们又创造出"乒乓球"这个新的词语。在日语里，乒乓球叫做"桌球"。乒乓球运动的很多用词是从网球变来的。打乒乓球所用的球叫 pingpongball 或 tabletennisball，乒乓球台叫 pingpongtable，台面称 court，中间的球网称 net，支撑球网的架子叫 netsupport，乒乓球拍叫 pingpongbat。乒乓球单人比赛原来一般采取三局两胜或五局三胜制（每局21分）；2001年改为七局四胜制或五局三胜制（每局11分）。所谓"局"，英文是 set。发球叫 serve。

2. 发展历史

1927年，国际乒乓球联合会（ITTF，International Table Tennis Federation）正式成立，并决定举行第一届世界乒乓球锦标赛。五十多年来，乒乓球运动的发展大约经历了三个阶段。初期，运动员使用的球拍虽形状各异，但都是木制的，击出的球的速度慢，力量小，打法也单调，只是把球推来推去。

1936年，第十届世界乒乓球锦标赛在匈牙利布格拉举行，大赛中出现了令人惊叹的局面。在男子团体冠军争夺赛中，双方派出三名削球手，由于打法相同，双方水平又接近，且都用了蘑菇战术，不肯轻易挑板，而且企图从对手的失误中取胜。比赛从21时进行到次日3时还是2∶2。当地规定，公共场所必须在3时关闭，惹来了警察干涉，最终耗时31时奥地利才以5∶4战胜。

1903年，英国人古德发明了胶皮球拍，有力地促进了乒乓球技术的发展。从1926年到1951年，世界各国选手大都使用表面有圆柱形颗粒的胶皮拍，击球时增加了弹性和摩擦力，可以使球产生一定的旋转，因而出现了削下旋球的防守型打法。这一打法在欧洲流行长久，不少运动员采用这种打法获得了世界冠军。这一时期乒乓球运动的优势在欧洲，其中匈牙利队成绩最突出，在117项次世界冠军中，他们获57项次，占欧洲队的一半。但这种球拍只能以制造下旋为主。

20世纪50年代初，奥地利人发明了海绵球拍，日本运动员道德在世界比赛中使用，并一举夺得第十九届世界乒乓球锦标赛的四项冠军，打破了欧洲运动员的垄断地位。由于日本运动员利用这种球拍创造的远台长抽进攻型打法，具有正手攻球力量大、速度快、发球抢攻威胁大等优点，所以速度慢、旋转弱、攻击力不强的欧洲防守型打法被逐渐取代，使日本夺得了50年代乒乓球运动的优势。1952年到1959年，在49项次世界冠军中，日本队夺得24项次，占47%。这是乒乓球运动水平的第一次大提高。

1959年，容国团获得了第二十五届世界乒乓球锦标赛男子单打冠军后，中国运动员开始登上了国际乒坛，逐渐形成了以"快、准、狠、变"为技术风格的直拍近台快攻打法。在1961年第二十六届世界乒乓球锦标赛中，中国队既过了欧洲关，又战胜了远台长抽加秘密武器——"弧圈球"打法的日本选手，第一次夺得了男子团体世界冠军，并连续获得第二十七、二十八届男子团体冠军。中国近台快攻的优点是站位近，速度快，动作灵活，正反手运用自如，比日本远台长抽打法又大大前进了一步。20世纪60年代，中国乒乓球技术水平位于世界最前列，乒乓球运动的优势由日本转移到中国。这是乒乓球运动水平的第二次大提高。

在日本、中国乒乓球运动发展的同时，欧洲运动员从失败中总结经验教训，经过近二十年的努力，终于取日本弧圈球技术和中国近台快攻打法之长，创造出适合于他们的先进打法，即以弧圈球为主结合快攻的打法。代表人物是匈牙利的克兰帕尔和约尼尔。以快攻为主结合弧圈球的打法，是以正反手快攻为主要技术，用反手快拨快攻力争主动，以正手拉弧圈球寻找机会扣杀为得分手段。代表人物是瑞典的本格森、捷克的奥洛夫斯基等。这两种打法的特点是放置较强，速度快，能拉能打，低拉高打，回旋余地较大。乒乓球运动又推进到放置和速度紧密结合的新高度。这是乒乓球运动水平的第三次大提高。

20世纪70年代以来，由于国际交往和学习研究的加强，各种打法互取长短，使乒乓球技术得到了更快地发展和提高。比如，中国近台快攻、直拍快攻结合弧圈球、横拍快攻结合弧圈球等打法和技术，均有所发展和创新，在国际比赛中取得了优良的成绩。现在，乒乓球已发展成为各国人民喜爱的运动项目之一。国际乒乓球联合会亦已拥有127个会员协会，是世界上较大的体育组织之一。由国际乒联和各大洲乒联举办的世界锦标赛、世界杯赛、洲际比赛及各种规模和形式的国际比赛不胜枚举。1982年，国际奥委会关于从1988年起把乒乓球列为奥运会正式比赛项目的决定，激起了世界各国对乒乓球运动的进一步重视，推动了乒乓球运动更快地发展。

3．场地设施

1）场馆标准

奥运会乒乓球比赛在体育馆内进行，馆内的具体标准如下：

比赛区域：包括可容纳4张或8张球台（视竞赛方法而定）的标准尺寸（8米宽、16米长、天花板高度不得低于4米）的正式比赛场地。比赛区域还应包括比赛球台旁的通道、电子显示器、运动员、教练员坐席、竞赛官员区域（技术代表、裁判长、仲裁等）、摄影记者区域、电视摄像区域以及颁奖区域等所需要的面积。

灯光：奥运会为了保证电视转播影像清晰，要求照明度为1500～2500勒克斯。所有球台的照明度是一样的。如果因电视转播等原因需要增加临时光源，该光源从天花板上方照下来的角度应大于75度。比赛区域其他地方的照明度不得低于比赛台面照明度的1/2，光源距离地面不得少于5米。场地四周一般应为深颜色。观众席上的照明度应明显低于比赛区域的照明度。要避免耀眼光源和未遮蔽的窗户的自然光。

地面：地面应为木制或经国际乒联批准的品牌和种类的可移动塑胶地板。地板具有弹性，没有其他体育项目的标线和标识。地板的颜色不能太浅或反光强烈，可为红色或深红色；不能过量使用油或蜡，以避免打滑。

温度：馆内比赛区域的空气流速控制在 0. 2 ~ 0. 3m/s 之内，温度为 20℃ ~ 25℃，或低于室外温度 5℃。

2）器材规格

场地规格：赛区应由 0.75 米高的同一深色的挡板围起，并与相邻的赛区及观众隔开。每张球台的比赛场地面积为 8 米 × 16 米。场地内放有球台、球网、球、挡板、裁判桌、裁判椅、计分器等。每张球台至少还要使用两台电子记分牌，决赛时使用四台。电子记分牌安放在乒乓球比赛场地两侧后面或四角，牌上有运动员的姓名、所属国家或地区、时间、各局比分等，使观众在看台上可以清楚地看到显示屏上的比分。体育馆内还有一个所有观众都能看清楚的大电子显示屏，能同时显示所有球台比赛的有关信息。决赛或仅使用一张球台比赛时，裁判员使用话筒，以方便全场观众观看比赛。

器材规格：

球台——高 76 厘米、长 2.74 米、宽1.525米，颜色为墨绿色或蓝色。

球网——高 15.25 厘米、台外突出部分长 15.25 厘米，颜色与球台颜色相同。

球——呈白色或橙色，且无光泽，直径40 毫米、重量 2.7 克的硬球。

挡板——高 0.75 米、宽 1.4 或 2 米，颜色与球台颜色相同。

所有器材均由国际乒联特别批准和指定。在整个比赛过程中包括训练设施均必须采用相同牌号的器材。

3）球拍类型

乒乓板分为直板和横板。板由底板、两面胶面、两张海绵构成。胶面分为反胶（平胶，适合初学者用）、生胶（表面颗粒直径小于颗粒距胶面高度，快攻用，不怕旋球）、正胶（表面颗粒直径等于颗粒距胶面高度，削球、搓球用，不适合快攻）、长胶（表面颗粒直径大于颗粒距胶面高度，由中国于 20 世纪 60 年代发明，有可以打出奇幻莫测的旋球的作用，但不适合初学者用）。削、搓球选手建议使用一面反胶，一面正胶。快攻选手建议使用一面反胶，一面长胶（这里更推荐用生胶）。拉弧圈球选手建议使用双面反胶。

（1）正胶海绵拍。正胶就是胶皮颗粒向上、高度与直径相等的胶皮。它弹性好，击球稳且速度快，略带下沉的感觉，适合近台快攻型的球员使用。如果觉得自己手腕动作灵活，而大臂和腰腹力量不够，则最好选择以速度制胜的正胶球拍。

（2）生胶海绵拍。生胶就是颗粒向上、直径大于高度的胶皮。其特点是击球有下沉，搓球旋转弱，适合近中台选手使用。

（3）反胶海绵拍。反胶就是粘贴时粗面向下、黏性较大的光面向上的一种胶皮。欧洲选手采用此种胶皮。反胶打球的旋转力特强，所以打法以旋转为主的球员（如弧圈球、削球）必谙此道。当然，反胶容易制造旋转，也容易吃转儿，掌握有一定难度。

（4）长胶海绵拍。一般来说，高度超过1.5毫米以上的胶皮称为长胶。这种胶皮的胶粒很软，颗粒细长，支撑力小，主动制造旋转的能力很差，主要依靠来球的强旋转或冲力大来增加回球的旋转度。由于长胶的性格特殊，不利于少儿掌握，而且会干扰球感，因此国家已经禁止少儿比赛使用长胶。初学者和技术不高的爱好者同样不适合用长胶。

（5）防守型海绵拍。用拍一般以削球为主，属于旋转型打法，故而横拍削球手多以反胶为主，反手则花样繁多。

在近年来生产的球拍上，多标明有"进攻"、"全面"、"防守"等类型的分类标识，可供爱好者选择。初学者不妨选用控球容易的低档球拍来矫正动作，待水平逐渐提高、形成稳定的打法后，再挑选针对性较强的中高档球拍。中低档的球拍不一定就不好用，哪块球拍用顺手了，哪块就好用。

4．相关术语

1）比赛台面

左、右半区又称1/2区，其方向对击球者本身而言。

近网区指距球网 40 厘米以内的区域。

底线区指距端线 30 厘米以内的区域。

中区指介于近网区和底线区之间的区域。

边区指靠近球桌边缘的区域。

2）球拍拍形

球拍拍形包括拍面角度、球拍横度和拍面方向。

（1）拍面角度：拍面与台面所形成的角度。拍面与台面呈 90° 为垂直；拍面与台面形成的角度小于 90° 为前倾；拍面与台面形成的角度大于 90° 为后仰。

（2）球拍横度：球拍绕前后转动所形成的球拍角度变化。拍柄与球台端线垂直时为 0°，随球拍绕前后轴不断转动而增加其左横角度。当拍柄与端线平行时，为左横 90°；球拍围前后轴向右转至与球台端线平行时，为右横 90°。平常所说的球拍呈半横状，即是横度为 45° 之意。

（3）拍面方向：球拍左右偏转时，与球台端线所形成的角度。

3）击球部位

击球部位是指击球时球拍触球的具体位置，它基本上与拍形角度相吻合，有上部、上中部、中上部、中部、中下部、下中部、下部 7 种。

4）击球时间

击球时间是指来球在本方台面弹起后至回落的那段时间。它分为上升前期（球从台面弹起刚上升的阶段）、上升后期（球弹起接近最高点的阶段）、最高点期（球弹起达到最高点的阶段）、下降前期（球从最高点开始下降的最初阶段）、下降后期（球下降到接近台面之前的阶段）。

5）击球路线

击球路线是指从击球点到落台点之间形成的线。基本线路（以击球者为基准）分为正手斜线、正手直线、侧身斜线、侧身直线、中路直线 5 条。中路直线球在实际比赛中是随时以站位而定的，即追身球。

6）击球点

　　击球点是指击球时，球拍与球接触瞬间的那一点所属空间的位置，这是对击球者所处的相对位置而言的，包含以下三个因素：球处于身体的前后位置；球与身体的远近距离；球的高、低位置。

　　5．握拍方法

　　1）直拍快攻型握拍法

　　拍前：以食指第二指节和拇指第一指节扣拍。拇指与食指之间的距离要适中。

　　拍后：其他三指自然弯曲，中指第一指节贴于拍的背面。

　　2）弧圈球型握拍法

　　拍前：拇指紧贴在拍柄的左侧，食指扣住拍柄，形成一个小环状紧握拍柄。

　　拍后：其他三指自然伸直，中指第一指节顶住球拍的背面中间。

　　3）直拍削球型握拍法

　　拍前：大拇指弯曲紧贴在拍柄的左侧，并用力压拍。

　　拍后：其他四指自然分开，托住拍的后面。

　　正手削球时，前臂旋后使球拍后仰；反手削球时，拍后四指灵活地把球拍抖起，使拍柄向下。

　　4）横握拍法

　　拍前：中指、无名指和小指自然地握住拍柄。

　　拍后：拇指在球拍的正面轻贴在中指旁边，食指自然伸直，斜放于球拍的背面。

　　轻握时，虎口轻微贴拍；深握时，虎口紧贴球拍。

　　二、乒乓球的打法

　　乒乓球技术五个基本因素是：弧线、力量、速度、旋转和落点。弧线是乒乓球在空中飞行的轨迹。力量作用于球，是通过球的前进速度和旋转强度表现出来的。如果在进攻当中猛力扣杀，使对方接不好，那么就要打得有力量。如果在加强旋转的强度，无论是制造上旋或下旋，那么一定要用力摩擦球。为了尽量减少对方的准备时间，必须抓紧时间，争取在最短、最快的时间内把球回击到对方的面上，使对方措手不及，这就是速度。为了增加对方还击的难度，还可以制造各种旋转球，迫使对方回球失误后"出机会"球，这就是旋转。乒乓球不大，要使自己打过去的球更具威力，必须要调动对方前后、左右的移动或奔跑，因此要讲究落点。所以说，弧线、力量、速度、旋转、落点是乒乓球技术的基本因素。

1. 发球方式

1）正手发奔球

特点：球速急，落点长，冲力大，发至对方右大角或中左位置，对对方威胁较大。

要点：抛球不宜太高；提高击球瞬间的挥拍速度；第一落点要靠近本方台面的端线；点与网同高或稍低于网。

2）反手发急球与发急下旋球

特点：球速快，弧线低，前冲大，迫使对方后退接球，有利于抢攻，常与发急下旋球配合使用。

要点：击球点应在身体的左前侧与网同高或比网稍低；注意手腕抖动发力；第一落点在本方台区的端线附近。

3）发短球

特点：击球动作小，出手快，球落到对方台面后的第二跳下不出台，使对方不易发力抢拉、冲或抢攻。

要点：抛球不宜太高；击球时，手腕的力量大于前臂的力量；发球的第一落点在球台，不要离网太近；发球动作尽量与发长球相似，使对方不易判断。

4）正手发转与不转球

特点：球速较慢，前冲力小，主要用相似发球动作，制造旋转变化去迷惑对方，造成对方接发球失误或为自己抢攻创造机会。

要点：抛球不宜太高；发转球时，拍面稍后抑，切球中下部；越是加转球，越应注意手臂的前送动作；发不转球时，击球瞬间减小拍面后仰角度，增加前推的力量。

5）正手发左侧上（下）旋球

特点：左侧上（下）旋转力较强，对方挡球时向其右侧上（下）方反弹，一般站在中线偏左或侧身发球。

要点：发球时要收腹，击球点不可远离身体；尽量加大由右向左挥动的幅度和弧线，以增强侧旋强度；发左侧上旋时，击球瞬间手腕快速内收，球拍从球的正中向左上方摩擦；发左侧下旋时，拍面稍后仰，球拍从球的中下部向左下方摩擦。

6）反手发右侧上（下）旋球

特点：右侧上（下）旋球力强，对方挡住后，向其左侧上（下）反弹。发球落点以左方斜线长球配合中右近网短球为佳。

要点：注意收腹和转腰动作；充分利用手腕转动配合前臂发力；发右侧上下旋球时，击球瞬间球拍从球的中部向右上方摩擦，手腕有一个上勾动作；发右侧旋球时，拍面稍后仰，击球瞬间球拍从球的中下部向右侧下摩擦。

7）下蹲发球

特点：下蹲发球属于上手类发球，中国运动员早在20世纪50年代就开始使用。横拍选手发下蹲球比直拍选手方便些，直拍选手发球时须变化握拍方法，即将食指移放到球拍的背面。下蹲发球可以发出左侧旋和右侧旋，在对方不适应的情况下，威胁很大，关键时候发出高质量的球，往往能直接得分。

要点：注意抛球和挥拍击球动作的配合，掌握好击球时间。发球要有质量，发球动作要利落，以防在还未完全站起时已被对方抢攻。发下蹲右侧上、下旋球时，左脚稍前，身体略向右偏转，挥拍路线为从左后方向右前方。拍触球中部向右侧上摩擦为右侧上旋；从球中下部向右侧下摩擦为右侧下旋。发下蹲左侧上、下旋球时，站右中部向左上方位稍平，身体基本正对球台，挥拍路线为从右后方向左前方。拍触球摩擦为左侧上旋；从球中部向左下部摩擦为左侧下旋。发左（右）侧上、下旋球时，要特别注意快速做半圆形摩擦球的动作。

8）正手高抛发球

特点：抛球高，增大了球下降时对拍的正压力，发球速度快，冲力大，旋转变化多，着台后拐弯飞行。高抛发球动作复杂，有一定的难度。

要点：抛球勿离台及身体太远。击球点与网同高或比网稍低，在近腰的中右处（15厘米）为好。尽量加大向内摆动的幅度和弧线。触球后，附加一个向右前方的回收动作，可增加对方的判断（结合发右侧旋球，更有威力）。

2．打球技巧

攻球从大的动作结构来讲，可分为正手攻球和反手攻球两大类。攻球是快速进攻最重要的一项技术，杀伤力强，是结束战斗的关键技术。

1）动作

以下动作以右手为例。

（1）正手攻球：近台中偏右站位，左脚稍前，身体斜对球台，持拍手自然放松置于腹前，拍半横状；顺来球路线略向右侧引拍，约与台面齐高，拍面与台面约呈80度，前臂与台面基本平行；当球从台上弹起，持拍手由右侧向左前上方挥动，以前臂快速内收发力配合手腕内转沿球体做弧线挥动，在上升期击球的中上部，击球位置在身体右前方一前臂距离处。

（2）反手攻球：站位近台，右脚稍前，持拍手自然弯曲置于腹前偏左，重心偏于左脚；顺来球路线向后引拍；当球从台上弹起，持拍手由左后向右前上加速挥拍，前臂发力为主，手腕外转，拍面前倾，重心移至右脚，在上升时期击球的中上部。攻球的重点难点是挥拍发力和正确恰当的击球点。

2）练习方法

徒手模仿正、反手攻球动作，体会挥臂、腰部扭转和重心转换等动作要领。练习者站位近台中偏右（左），在右（左）角端线附近自抛自攻对方右（左）边斜线，体会前臂内收发力和手腕内（外）旋及击球点。

练习方法如下：

（1）两人对练，一人自抛自攻，另一人用挡球回击，互换练习。

（2）两人对角，一人正（反）手攻球，一人推挡回击，互换练习。

（3）两人对练，一人一点攻两点，另一人两点推挡一点，互换练习。

（4）两人正（反）手对攻斜线，两人对攻中路直线。

3）易犯错误及纠正方法

易犯错误及纠正方法如下：

（1）正手攻球时不敢大胆挥拍，有停顿，弧线制造不好。纠正方法：用徒手模仿挥拍练习。

（2）上臂与身体夹角过小。纠正方法：放松肩部，加大上臂与身体的距离。

（3）抬肘抬臂。纠正方法：两人对做近台快攻练习，强调击球时肘肩向后下方。

（4）手腕下垂，球拍与前臂垂直。纠正方法：强调手腕内旋拍柄向左，徒手模仿练习。

（5）判断球的落点不准，引拍动作不到位。纠正方法：用先做接平击发球的练习，再做连续推挡球的练习来纠正。

（6）反手攻球时拍面前倾过早。纠正方法：徒手做引拍练习使拍面稍后仰。

（7）拍面前倾不够。纠正方法：做平击发球练习，体会击球时手腕外旋动作的方法。

3．比赛规则

1）发球、接发球和方位的选择

（1）选择发球、接发球和场地的权力应通过选择硬币的正反面来决定。选对者可以选择先发球或先接发球，或选择先在某一方。

（2）当一方运动员选择了先发球或先接发球或选择了场地后，另一方运动员应有另一个选择的权力。

（3）在每获得二分之后接发球方即成为发球方，依此类推，直到该局比赛结束，或者直至双方比分都达到10分实行轮换发球法，这时发球和接发球次序仍然不变，而且每人只轮发一分球。

（4）一局中在某一方位比赛的一方，在该场的下一局应换到另一方位。单打决胜局当中有一方满5分时应交换方位。

2）发球、接发球次序和方位的错误处理

（1）裁判员一旦发现发球、接发球次序错误应立即暂停比赛，并按该场比赛开始时确立的次序，根据场上的比分由应该发球或接发球的运动员发球或接发球；在双打中，则按发现错误时那一局中首先有发球权的一方所确立的次序继续进行比赛。

（2）裁判员一旦发现运动员应交换方位而未交换时，应立即暂停比赛，并按该场比赛开始时确立的次序，根据场上比分纠正运动员所站的方位后再继续比赛。在任何情况下，发现错误之前的所有得分均有效。

（3）当发球者发出的球触碰到网，叫"擦网"，裁判应令发球者重新发球，若连续擦网两次则是犯规，计分者给予扣分。

3）合法还击

对方发球或还击后，本方运动员必须击球，使球直接越过或绕过球网装置，或触及球网装置后，再触及对方台区。凡属上述情况，均为合法还击。

4）重发球

出现下列情况，应判重发球：

（1）如果发球员发出的球，在越过或绕过球网装置时触及球网装置，此后成为合法发球或被接发球员或其同伴阻挡。

（2）如果发球员或同伴未准备好时球已发出，而且接发球员或其同伴均没有企图击球。

（3）由于发生了运动员无法控制的干扰，如灯光熄灭等原因，而使运动员未能合法发球、合法还击或未能遵守规则（运动员与同伴相撞或者被挡板绊倒而未能合法回击，则不能判重发球）。

（4）裁判员或副裁判员宣布的暂停比赛。例如：由于要纠正发球、接发球次序或方位错误；由于要实行轮换发球法；由于警告或处罚运动员；由于比赛环境受到干扰以致该回合结果有可能受到影响（例如外界球进入赛场或者是足以使运动员大吃一惊的突然喧闹）。

5）判失一分

回合中出现重发球以外的下列情况，应判失一分：未能合法发球；未能合法还击；阻挡；连续两次击球（如执拍手的拇指和球拍连续击球）；除发球外，球触及本方台区后再次触及本方比赛台面；用不符合规定的拍面击球；双打中，除发球或接发球外运动员未能按正确的次序击球；裁判员判罚分；其他已列举的违例现象。

6）一局比赛

在一局比赛中，先得 11 分的一方为胜方；比分出现 10 平后，先多得 2 分的一方为胜方。

7）一场比赛

（1）一场比赛由奇数而组成。

（2）一场比赛应连续进行，但在局与局之间，任何一名运动员都有权要求不超过两分钟的休息时间。

8）轮换发球法

（1）如果一局比赛进行到 15 分钟仍未结束（双方都已获得至少 9 分除外）；或者在此之前的任何时间，应双方运动员要求，应实行轮换发球法。计时员应在每一局比赛的第一个球进入比赛状态时开表；在比赛暂停时停表，恢复比赛时重新开表。比赛暂停包括：球飞出赛区至重新回到赛区、擦汗、决胜局交换方位及更换损坏的比赛器材。一局比赛进行到 15 分钟尚未结束，计时员应报"时间到"。

（2）当时间到时，球仍处于比赛状态，裁判员应立即宣布暂停比赛，由被暂停回合的发球员发球继续比赛。当时间到时，球未处于比赛状态，应由前一回合的接发球员发球，继续比赛。

（3）出现上述情况时，计数员应在接发球方每一次击球后报出击球数，在使用轮换发球法时，计数员报数应用英语或用双方运动员及裁判员均能接受的任何其他语言。

（4）此后，每个运动员都轮发一分球直至该局结束，如果接发球方进行了十三次合法还击，则判发球方失一分。

（5）轮换发球法一经实行，该场比赛的剩余部分必须继续进行，直至该场比赛结束。

4. 主要战术

1）推攻战术

特点：主要运用正手攻球和反手推挡的速度和力量，并结合落点变化和节奏变化来压制和调动对方，以争取主动或得分。推攻战术是左推右攻打法对付攻击型打法的主要战术，有反手推挡能力的两面攻运动员、攻削结合运动员等也常使用它。

方法：左推右攻，推挡侧身攻，推挡、侧身攻后扑正手，左推结合反手攻，左推、反手攻、侧身攻后扑正手。

注意事项：推、攻都要有线路变化、落点变化和节奏变化，这是推攻战术争取主动和创造扣杀机会的主要方法；推挡一般以压对方反手为主，然后突然变正手，以创造进攻机会；如果对方正手较差，才可以推对方正手为主；在推挡中突然加力推对方中路，使对方难于用力回击，然后用正手或侧身扣杀；遇到机会球时要果断扣杀，这是推攻战术得分的主要手段；推攻战术要坚持近台，又不能死守近台，要学会近台和中台的位置转换，掌握对手节奏；推攻战术对付弧圈类打法应坚持近台为主，用快推和加、减力推挡控制落点，伺机采用近台反拉或中等力量扣杀弧圈球，然后进入正手连续进攻。

2）两面攻战术

特点：主要利用正、反手攻球技术的速度和力量压制对方，争取主动和创造扣杀机会。两面攻技术是两面攻打法对付攻击型打法的主要战术。

方法：攻左扣右，攻打两角，猛扣中路。

注意事项：正、反手攻球都要有线路变化和落点变化，以便创造扣杀机会；要以压对方反手为主，然后攻击对方正手或中路，以创造扣杀机会；遇到机会球时要大胆扣杀；两面攻战术在主动进攻情况下要坚持近台，被动情况下可适当后退，在中近台或中台进行反攻；两面攻战术对付弧圈球打法应坚持近台，用快带顶住对方的弧圈球，伺机采用近台反拉或中等力量扣杀弧圈球，然后转入连续进攻。

3）拉攻战术

特点：连续运用正手快拉创造进攻机会，然后采用突击和扣杀来作为得分手段。拉攻战术是快攻打法对付削球类打法的主要战术。

方法：正手拉后扣杀，反手拉后扣杀。

注意事项：拉、扣的力量要有较大的悬殊，以使对方措手不及；拉球要有线路和落点变化以调动对方，争取主动和创造进攻机会；遇到机会球时要大胆扣杀或突击；采用拉攻战术要有耐心，不要急于求成，对没有把握的机会球不要过凶。

4）拉、扣、吊结合战术

特点：由拉攻与放短球相结合而成，是快攻型打法对付削球打法的常用战术。

方法：在拉攻战术的扣杀或突击后放短球；在拉攻战术中放短球后，结合扣杀或突击。

注意事项：拉攻中放短球，要在对方站位较远并且来球比较近网时进行，这样，放短球的落点容易靠近球网，可增加对方向前移动的距离和难度；放短球后扣杀时，如果对方靠台极近，可对准对方身体方向扣杀，这样，往往能使对方难于让位还击。

5）搓攻战术

特点：主要运用"转、低、快、变"的搓球控制对方，以寻找战机，然后采用低突、快点或拉攻等技术展开攻势并进入连续进攻；在搓球中遇到机会球时进行扣杀，常常带有突然性，往往可以直接得分。搓攻战术是乒乓球各种打法都不可缺少的辅助战术。

方法：正、反手搓球结合正手快拉、快点、突击或扣杀；正、反手搓球结合反手快拉、快点、突击或扣杀。

注意事项：搓攻战术既要尽可能早起板，以争取主动，但又不能有急躁情绪，否则，起板容易失误；在搓球中遇到机会球时要大胆扣杀，这是搓攻战术的主要得分手段；在搓短中摆短，可使对方不易抢先进攻，故有利于创造进攻机会，以便伺机用正、反手或侧身进攻。

6）削中反攻战术

特点：由削球和攻球结合而成，常以逼角加转削球为主，伺机反攻；或以转、低、稳、变的削球，迫使对手在走动中拉攻，以从中寻找机会，予以反攻。这种战术有"逼、变、凶、攻"的特点，是攻、削结合打法的主要技术。

方法：正、反手削球逼角，结合正手攻或侧身攻对方右侧空当；正、反手削两大角长球，结合正、反手反攻。

注意事项：正、反手削球都要注意旋转强度的变化，在削加转后用削加转球相似的手法削不转球，是使对方拉出高球，以进行反攻的有效方法；削球时要尽可能压低弧线，以避免对方扣杀或突击；削球逼角时要适当配合削另一角，以使对方在走动中击球。

7）发球抢攻战术

特点：发球抢攻战术是以旋转、线路、落点以及速度不同的发球来增加对方回击的难度，使其出现机会球，或降低回球质量，然后抢先进攻，以争取主动或直接得分，这是乒乓球所有打法特别是进攻型打法的主要战术和得分手段。

方法：发下旋转与"不转"抢攻，发正、反手奔球抢攻，发正、反手侧上、下旋球抢攻。

注意事项：发球要有线路和落点变化，以使对方前、后、左、右走动中接发球；发球后要有抢攻准备，以不失抢攻的机会；自己发什么球，对方可能以什么技术回击，要做到发球前心中有数。这样，才能较好地做好抢攻的准备；抢攻要尽可能凶，又不能过凶，否则，会影响命中率。

8）接发球抢攻战术

特点：由某一单项攻球技术所形成，进攻性强，可变接发球的不利地位为主动地位，也可直接得分，是乒乓球运动各种打法特别是进攻型打法的主要战术。

方法：用快点、快攻或中等力量突击进行接发球抢攻。

注意事项：由于接发球抢攻是在对方主动发球，自己处于被动的接发球地位时所采取的进攻性打法，所以难度较大。接发球抢攻一般不可过凶，要看准来球的旋转方向、旋转强度和高度，采用适当的方法进攻。例如对方发加转下旋球，接发球抢攻时要采用提拉手法，以免下网。同时，攻球的力量不可过大。

接发球抢攻动作结束后，要立即作好对攻或连续攻的准备，以便继续处于主动地位；接发球抢攻、抢冲的力量越小，应越注意球的路线或落点，一般应多打在对方反手；若对方反手强而正手弱，则可多打在对方正手。

9）弧圈结合快攻、快攻结合弧圈、削中反攻、怪球

弧圈结合快攻：以弧圈球为主，快攻为辅，这是当今最流行的打法，男子中使用这种打法的可能占八成。一般两面反胶。如世界冠军王励勤、张怡宁，前国手乔红、何智丽等。

快攻结合弧圈：以快攻为主，弧圈球为辅，占位比前者近，一般一面反胶，一面是正胶、生胶、长胶（也有两面都是正胶、生胶、长胶的）。如世界冠军邓亚萍、陈静，世界名将金香美、黄文冠等。

削中反攻：以被动的削球为主，伺机反攻的打法，20 世纪 50 年代时曾垄断世界乒坛。现在从事这种打法的较少了，男子有前国手丁松（攻多削少）、韩国名将朱世赫，女子有韩国名将金景娥、国手范瑛等。

怪球：现在基本没有这种打法了，没有确凿的定义。一般是以长胶削、磕、拱、飘等技术集合封堵来球，伺机（用倒板技术）反攻。代表人物有前国手陈子荷、倪夏莲等。

三、乒乓球运动的益处

乒乓球是一项集健身性、竞技性和娱乐性为一体的运动。乒乓球运动的好处可至少归纳为"五益"：养神、护眼、健脑、助消化、勤四肢。

"五益"解读如下：

养神——乒乓球是一种有趣的运动，能调动人的情绪。有时遇到什么烦心事，打一会儿乒乓球后出一身大汗，那种特有的惬意能让人精神面貌焕然一新。另外，"以球会友"也是件乐事，跟球友场上切磋、场下谈心，可令人心情舒畅、神清气爽。

护眼——打乒乓球时，由于球的来往速度飞快，来球落点或近或远，或左或右，或旋转或不转，为了做出准确地判断，多通过眼睛获得球的信息，眼球始终处在高速的运动中，并与大脑进行快速反馈联系。这种对眼睛及视力的调节的独特体育项目，对学业负担过重，长时间近距离看书的中、小学生来说，可以有效地改善眼睛睫状肌的功能，对保护视力、预防近视都有积极作用。

健脑——在所有球类运动项目中，乒乓球的速度是比较快的。由于球体小而轻，攻防转换迅速，它要求运动员必须在最短的时间内对调动视觉、听觉等感觉器官，对变化着的来球做出准确的判断和反应。这种需要勤动脑的特点，能很好地锻炼反应能力，锻炼人脑对周围事物的灵敏性。所以，打乒乓球可以预防老年人脑痴呆，延缓老年人脑动脉硬化，保持良好的思维记忆力。

助消化——由于打乒乓球消耗的体力很大，可增进食欲。另外，身体不停地来回运动，也能促进肠胃的蠕动。

勤四肢——乒乓球运动不但要求眼要快，手更要疾，而脚步也须迅速移动做出配合，长期锻炼可使上下肢的关节更灵活，腰背部的肌肉也更健壮，整个人的身体机能被充分调动，协调性和灵活性都得到提高，更加充满活力。

作为一项全身运动，乒乓球所特有的速度快、变化多的特点决定了参与者在以下方面均可受益：一、全身的肌肉和关节组织得到活动，从而提高了动作的速度和上下肢活动的能力。二、极有效地发展反应、灵敏、协调和操作思维能力。由于该项运动极为明显的竞技特点和娱乐功能，又使其成为一项培养勇敢顽强、机智果断等品质，保持青春活力和调节神经的有效运动。正像一位日本人所阐述的："乒乓球将成为 21 世纪的第一运动。对于那些希望保持青春、健美、避免不幸事故发生的人，如果能够提高他们对乒乓球运动的兴趣，将无疑是一件乐事。"乒乓球运动越来越多地被作为增强智力、提高工作效率，以及保健、医疗和康复的极佳手段而引起各方面的重视。一位美国科学家这样说道："如果时间允许，又有一位合适的对手做陪练，那么打乒乓球是提高手、眼配合的最好途径。该运动可使你获益匪浅，它需要敏捷、复杂的行动与当机立断的反应；它还有许多微妙之处，技术、整体配合、节奏感、计谋，对头脑及体能均有很高的要求。在期待和压力并存时，竞赛将充分反映出你非凡的自我完善及自律精神，打乒乓球是开动脑筋的好办法。"乒乓球运动员和该项目的爱好者们逐渐形成了良好的心理品质并在其他某些方面超出常人。据心理学人士用心理测验法对我国部分优秀少年儿童乒乓球运动员心理品质的研究结果表明：他们普遍表现为智力水平较高，操作能力优于普通学生，情绪稳定，自信心、自制力、独立性、思维敏捷性均较强，智力因素与个性因素发展协调。乒乓球运动的确具有其他运动所不具有的某些独特功能，令参与者获益终身。许多公司参与乒乓球训练，既体现出公司对员工身心健康的关心，也为公司业务拓展增加砝码，让业务商谈进行得更加顺利，同时也大大增强团队凝聚力。

成人和青少年参与训练：

（1）预防治疗近视。打乒乓球能使眼球内部不断运动，血液循环增强，眼神经机能提高，因而能使眼睛疲劳消除或减轻，起到预防治疗近视的作用。

（2）可健脑益智。乒乓球的球体小，速度快，攻防转换迅速，技术打法丰富多样，既要考虑技术的发挥，又要考虑战术运用。乒乓球运动中要求大脑快速紧张地思考，这样可以促进大脑血液循环供给大脑充分的能量，具有很好的健脑功能。

（3）可以提高协调性。乒乓球运动中既要有一定的爆发力，又要有动作的高度精确，要做到眼到、手到、步伐到，提高了身体的协调和平衡能力。

（4）提供了一个减压的途径。不管学习还是工作，每天都或多或少有点压抑，打球能使大脑的兴奋与抑制过程合理交替，避免神经系统过度紧张。

（5）能够让运动者具有良好的心理素质。由于乒乓球运动的特点和锻炼价值，使得乒乓球运动员和该项运动的爱好者们逐渐形成了良好的心理品质并在其他某些方面超出常人。在日常生活中，这些人常常显得机敏过人、动作灵活、协调。

（6）扩大交际范围，掌握更广人脉。乒乓球运动爱好者涉及各界人士，经常会自发组织球友会等交流活动，参与活动以球会友。老年人训练能很好地锻炼反应能力，快乐无比同时又认识到新朋友。

第四节　羽毛球运动

一、羽毛球运动简介

1. 羽毛球

羽毛球是一项隔着球网，使用长柄网状球拍击打平口端扎有一圈羽毛的半球状软木的室内运动。依据参与的人数，羽毛球运动可以分为单打与双打。相较于性质相近的网球运动，羽毛球运动对选手的体格要求并不很高，却比较讲究耐力，极适合东方人。自 1992 年起，羽毛球成为奥运会的正式比赛项目。

2. 起源及发展

早在两千多年前，一种类似羽毛球运动的游戏就在中国、印度等国出现。中国叫打手毽，印度叫浦那，西欧等国则叫做毽子板球。14～15 世纪时的日本，当时的球拍为木质，球是樱桃核插上羽毛做成。据传，在 14 世纪末，日本出现了把樱桃插上美丽的羽毛当球，两人用木板来回对打的运动。这便是羽毛球运动的原形。

现代羽毛球运动诞生在英国。1873 年，在英国格拉斯哥郡的伯明顿镇有一位叫鲍弗特的公爵，在他的领地所开的游园会上有几个从印度回来的退役军官向大家介绍了一种隔网用拍子来回击打毽球的游戏，人们对此产生了很大的兴趣。因这项活动极富趣味性，很快就在上层社会社交场上风行开来。"伯明顿"（badminton）即成为英文羽毛球的名字。1893 年，英国 14 个羽毛球俱乐部组成羽毛球协会。18 世纪时，印度的蒲那城出现了类似今日羽毛球活动的游戏，以绒线编织成球形，上插羽毛，人手持木拍，隔网将球在空中来回对击。这种游戏流行的时间不长便消失了。

羽毛球运动约于 1920 年传入我国，新中国成立后得到迅速发展。20

世纪 70 年代我国羽毛球队已跻身于世界强队之列。70 年代，国际羽毛球坛是印度尼西亚与我国平分秋色。80 年代，优势已转向我国，说明我国羽毛球运动已达到世界先进水平。羽毛球在 1992 年巴塞罗那奥运会上被列为正式比赛项目，共设男、女单打和男女双打及混合打 5 项比赛。每届羽毛球赛事的时间、地点均有变化：像汤姆斯杯、尤伯杯以及世界羽毛球锦标赛。

1877 年，第一本羽毛球比赛规则在英国出版。1893 年，在英国成立了世界上第一个羽毛球协会。1899 年，该协会举办了第一届"全英羽毛球锦标赛"，每年举办一次，沿袭至今。羽毛球运动从斯堪的纳维亚到英联邦各国，20 世纪初流传到亚洲、美洲、大洋洲，最后传到非洲。

1934 年，国际羽毛球联合会成立，总部设在伦敦。1939 年国际羽毛球联合会通过了各会员国共同遵守的《羽毛球竞赛规则》。20 世纪 20 ~ 40 年代欧美国家的羽毛球运动发展很快，其中英国、丹麦、美国、加拿大的水平相当高。50 年代亚洲羽毛球运动发展很快，马来西亚取得两届汤姆斯杯赛冠军。同时印度尼西亚队在技术和打法上有所创，新很快取得了霸主地位。20 世纪 60 年代以后羽毛球运动的发展逐渐移向亚洲。

1981 年 5 月国际羽毛球联合会重新恢复了中国在国际羽联的合法席位，从此揭开了国际羽坛历史上新的一页，进入了中国羽毛球选手称雄世界的辉煌时代。在 1988 年汉城奥运会（第二十四届）上，羽毛球被列为表演项目；1992 年巴塞罗那奥运会（第二十五届）将羽毛球列为正式比赛项目；1996 年亚特兰大奥运会（第二十六届）将混双列为比赛项目。从此羽毛球运动进入新的发展时期。2006 年，羽毛球新规则在试行了 3 个月后正式实施。在 2006 年汤、尤杯赛中首先采用。

3. 设施

1）羽毛球场地标准

羽毛球场呈长方形，各条线宽均为 4 厘米，丈量时要从线的外沿算起。羽毛球场地的长度为 13.40 米，双打场地宽为 6.10 米，单打场地宽为

5.18 米。球场界限最好用白色、黄色或其他易于识别的颜色画出。按国际比赛规定，整个球场上空空间最低为 9 米，在这个高度以内，不得有任何横梁或其他障碍物，球场四周 2 米以内不得有任何障碍物。任何并列的两个球场之间，最少应有 2 米的距离。球场四周的墙壁最好为深色，不能有风。

2）羽毛球网标准

羽毛球网长 6.10 米、宽 76 厘米，为优质深色的天然或人造纤维制成。网孔大小在 15~20 毫米之间。网的上沿应缝有 75 厘米宽的双层白布（对折而成），并用细钢丝绳或尼龙绳从夹层穿过，牢固地张挂在两网柱之间。标准球网应为黄褐色或草绿色。网柱高 1.55 米。无论是单打或双打，两根网柱都应分别立在双打场地边线的中点上。正式比赛时，球网中部上沿离地面必须为 1.524 米高，球网两端高为 1.55 米。球网的两端必须与网柱系紧，它们之间不应该有缺缝。

3）羽毛球标准

球重 4.74~5.5 克，由 16 根羽毛插在半球形软木托上。球高 68~78mm，直径 58~68mm，分为 1~10 号。球拍框总长度不超过 68 厘米，宽不超过 23 厘米，拍弦面长不超过 28 厘米，宽不超过 22 厘米。

4. 术语

1）站位与击球

运动员站在羽毛球场上的位置称为站位。站位有两种情况：一种是受限制的站位，如发球、接发球时运动员的站位，就必须按要求站在规定的区域内（左半区或右半区）；另一种是不受限制的站位，可根据自己或同伴（双打）的需要而选择的站位，如单打的站位一般在离前发球线 1 米左右的中线附近，双打站位可根据双打两个运动员的具体战术需要而选择前后或左右的站位。根据以上对羽毛球场地的划分，又可把不受限制的站位具体分为左半区站位、右半区站位、前场站位、中场站位、后场站位。

击球是指运动员挥拍击球时，拍与球接触的一刹那。运动员站在左半区迎击对方来球叫做左半区击球；在右半区的击球叫做右半区击球；站在前场、中场、后场的击球，则分别叫做前场击球、中场击球、后场击球。除此之外，根据来球高度的不同，击球可分为上手击球（高于肩的来球，击球点在肩上）和下手击球（击球点低于肩）。

2）持拍手与非持拍手

持拍手是指正握着球拍的手。非持拍手是指没有握拍的手。在羽毛球运动中，我们经常会听到的正手技术、反手技术、正手击球、反手击球等术语。正手技术是指握拍手同侧的技术；反手技术是指握拍手异侧的技术。如：右手握拍的运动员，在击右侧球时所用的技术就称为正手技术，并由此派生出正手发球技术、正手击球技术等技术名称。在羽毛球运动中，非持拍手的功能主要是在发球时用来持球、抛球；在击球过程中用来平衡身体，以便更有效地击球。

3）击球的基本线路

击球线路是指球被运动员击出后在空中运行的轨迹和场地之间的关系。羽毛球运动员击球线路之多是无法胜数的，以下只研究决定羽毛球线路规律的几条基本线路。下面仅以运动员（右手持拍）正手击出三条球路来分析球的路线的名称。第一条是从自己的右方打到对方的左方（线路与边线平行），可称为直线；第二条是打到对方的右方（线路与边线有较大的角度），可称为对角线；第三条是打到对方的中线球（线路与边线有较小的角度），可称为中路。同理，反手后场（中场、前场）的三条基本击球线路，亦可这样称呼。在具体称呼时，可与正手、反手结合在一块。如：正手直线、正手中路、正手对角线、反手对角线等。若在中线击球时，可这样称呼：打到对方场区的左方为左方斜线，打到对方场区的右方为右方斜线，打到中间为中路球。

在对羽毛球线路的称呼上应注意如下问题：首先要看击球点和球的落点靠近哪里，击球点靠近右边线，而落点靠近中线，都称为正手中路球；其次要根据击球时所用技术名称，如反手搓球，可称为反手搓直线、反手搓中路球等。

总之，羽毛球的基本线路可分为五条，即：左方直线、中路直线、右方直线、右方斜线（右方对角线）、左方斜线（左方对角线）。而根据击球运动员站的位置（左、中、右），每个位置又可分别击出直线、中路、斜线，因此又可派生出九条线路来。羽毛球的击球线路之多，无法描述，但其基本线路就这几条，只要我们掌握了其规律，对训练、比赛都是大有益处的。

4）拍形角度与拍面方向

拍形角度是指球拍面与地面所成的角度。拍面方向是指球拍的拍面所朝向的位置。拍形角度可分为七种：拍面向下、拍面稍前倾、拍面前倾、拍面垂直、拍面后仰、拍面稍后仰、拍面向上。拍面方向可分为三种：拍面朝左、拍面朝右、拍面朝前。拍形角度和拍面方向控制得好坏对击球质量的影响是非常大的，所以必须在每一次击球中认真调整好拍形、拍面，击出合乎质量要求的球来。

5）击球点

击球点是运动员击球时球拍与球相接触那一点的时间、空间位置。击球点包括三个方面的内容：第一，包括拍和球的接触点距地面的高度；第二，包括接触点距身体的前后距离；第三，包括距身体的左右距离。击球点选择得是否合适决定击球质量的好坏，它将直接影响运动员击球的力量、速度、弧线、落点，最终会影响运动员击球的命中率。因此，选择合适的击球点至关重要。选择合适的击球点应做到如下两点：第一，判断要准；第二，步法移动要到位（步法要快）。只要做到了这两点才能保证调整在最合适的位置，击球点才有保障。

5. 规则

1）计分

采用21分制，即双方分数先达21分者胜，3局2胜。如果双方比分打到20：20，一方需超过对手2分才算该局取胜；如果双方打成29：29，则率先得到第30分的一方取胜。

新制度中每球得分，并且除特殊情况（比如地板湿了，球打坏了），球员不可再提出中断比赛的要求。当一方先在比赛中得到11分时，比赛将进行1分钟的技术暂停，让比赛双方休息。得分者方有发球权，如果本方得单数分，则从左边发球；如果得双数分，则从右边发球。在第三局或只进行一局的比赛中，当一方分数首先到达11分时，双方交换场区。

2）站位

（1）单打。发球员的分数为0或双数时，双方运动员均应在各自的右发球区发球或接发球。发球员的分数为单数时，双方运动员均应在各自的左发球区发球或接发球。如"再赛"，发球员应以该局的总的分数来确定站位。若总分为15分（单数），双方运动员均应在各自的左发球区发球或接发球；若总分为16分（双数），双方运动员均应在各自的右发球区发球或接发球。球发出后，双方运动员就不再受发球区的限制而自由击到对方场区的任何位置，运动员的站位也可以在自己这方场区的界内或界外。

（2）双打。一局比赛开始，应从右发球区开始发球。只有接发球员才能接发球；如果他的同伴去接球或被球触及，发球方得一分。在发球方得分为0或双数时，应该由发球方的站在右侧的运动员发球，接发球方站在右侧的运动员接发球；发球方得分为单数时，则应站在左发球区的运动员发球或接发球。每局开始首先接发球的运动员，在该局本方得分为0或双数时，都必须在右发球区接发球或发球；得分为单数时，则应在左发球区接发球或发球。上述两条相反形式的站位适用于他们的同伴。任何一局的本方发球员失去发球权后，同时对手获得一分，接着由他们的对手之一发球，如此传递发球权，注意，此时双方4位运动员都不需要变换站位。运动员不得有发球错误和接发球的错误，或在同一局比赛中有两次发球。一局胜方的任一运动员可在下一局先发球，负方中任一运动员可先接发球。球发出后就不再受发球区的限制了。运动员可在本方场区自由站位和将球击到对方场区的任何位置。

3）比赛

（1）交换场区。以下情况运动员应交换场区：第一局结束；第三局开始；第三局中或只进行一局的比赛进行至一方达到 11 分时。

运动员未按以上规则交换场区，一经发现立即交换，已得分数有效。

（2）合法发球。发球时任何一方都不允许非法延误发球。发球员和接发球员都必须站在斜对角线发球区内发球和接发球，脚不能触及发球区的界限；两脚必须都有一部分与地面接触，不得移动，直至将球发出。发球员的球拍必须先击中球托，与此同时整个球必须低于发球员的腰部。击球瞬间球杆应指向下方，从而使整个球筐明显低于发球员的整个握拍手部。发球开始后，发球员的球拍必须连续向前挥动，直至将球发出。发出的球必须向上飞行过网，如果不受拦截，应落入接发球员的发球区。

（3）羽毛球的违例。羽毛球的违例包括发球违例、接发球违例和比赛过程中违例。常见违例行为如下：

① 发球时不合法。

② 发球员在发球时未击中球。

③ 发球时，球未落在规定的接发球区内，挂在网上、网顶或落在网后。

④ 比赛中，球从网下或网孔中穿过或不过网。

⑤ 比赛中，球碰触到天花板、四周墙壁，或球碰触到运动员的身体或衣服。

⑥ 球碰到场地外其他人或物体（由于建筑物的结构问题，必要时地方羽毛球组织可以制定羽毛球触及建筑物的临时规定，但其国组织有否决权）。

⑦ 比赛时，球拍或球的最初接触点不在击球者网的这一方（击球者击球后，球拍可以随球过网）。

⑧ 比赛中，运动员的球拍、身体或衣服碰触到球网或网柱。

⑨ 比赛中，运动员的球拍或身体以任何程度侵入对方场区妨碍对手

（如阻挡对方紧靠球网的合法击球）。

⑩ 比赛时，运动员故意扰乱、影响对方进行正常比赛的任何举动，如喊叫、故作姿态等。

⑪ 击球时，球停滞在球拍上，紧接着又被拖带。

⑫ 同一名运动员两次挥拍，并连续两次击中球，或是同一方的两名运动员连续各击中球一次。

⑬ 球触及运动员的球拍后，继续向场外飞行并落在界外。

（4）重发球。遇不能预见或意外的情况，应重发球；除发球外，球过网后，球挂在网上或停在网顶，应重发球；发球时，发球员和接发球员同时违例，应重发球；发球员在接发球员未做好准备时发球，应重发球；比赛进行中，球托与球的其他部分完全分离，应重发球；司线员未看清球的落点，裁判员也不能做出决定时，应重发球；"重发球"时，最后一次发球无效，原发球员重发球。

（5）死球。死球包括：球撞网并挂在网上，或停在网顶；球撞网或网柱后开始在击球者一方落向地面；球触及地面；"违例"或"重发球"已被宣报。

（6）发球区错误。发球区错误包括：发球顺序错误；在错误的发球区发球；在错误的发球区准备接发球，且对方球已发出。

（7）发球区错误的裁判方法。如果发球区错误在下一次发球击出前发现，且双方都有错误，则应重发球；错误一方输了这一回合，则错误不予纠正。如果发球区错误在下一次发球击出前未被发现，则错误不予纠正。如果因发球区错误而"重发球"，则该回合无效，纠正错误重发球。如果发球区错误未被纠正，比赛应继续进行，并且不改变运动员的新发球区和新发球顺序。

（8）比赛中的出界。单打的边线是在边界的里面一条。双打的边线就是最外面一条。单打的前发球线就是最前面的一条线，后发球线就是底线，发球在这两条线之间才有效。双打的前发球线和单打一样，都是最前面一条，后发球线就是底线前的那一条线，发球在这两条线之间才有效。

6．裁判职责和受理申诉

裁判职责如下：

（1）裁判长对比赛全面负责。

（2）临场裁判主持一场比赛并管理该球场及其周围。裁判员应向裁判长负责。

（3）发球裁判员应负责宣判发球员的发球违例。

（4）司线裁判对球在其分管线的落点宣判"界内"或"界外"。

（5）临场裁判员对其所分管职责内的事实的宣判是最后的裁决。

裁判员应做到：维护和执行羽毛球比赛规则，及时地宣报"违例"或"重发球"等；对申诉应在下一次发球前作出裁决；使运动员和观众能随时了解比赛的进程；与裁判长磋商后撤换司线或发球裁判员；在缺少临场裁判员时，对无人执行的职责作出安排；在临场裁判员未能看清时，执行该职责或判"重发球"；记录与规则有关的情况并向裁判长报告；将所有与规则有关的争议提交裁判长（类似的申诉，运动员必须在下一次发球击出前提出；如在一局比赛结尾，则应在离开赛场前提出）。

二、羽毛球运动的基本特点

羽毛球运动的基本特点如下：

（1）羽毛球运动是一种全身运动项目。无论是进行有规则的羽毛球比赛还是作为一般性的健身活动，都要在场地上不停地进行脚步移动、跳跃、转体、挥拍，合理地运用各种击球技术和步法将球在场上往返对击，从而增大了上肢、下肢和腰部肌肉的力量，加快了锻炼者全身血液循环的速度，增强了心血管系统和呼吸系统的功能。据统计，大强度羽毛球运动者的心率可达每分钟 160～180 次，中强度运动心率可达每分钟 140～150 次，低强度运动心率也可达每分钟 100～130 次。长期进行羽毛球锻炼，可使心跳强而有力，肺活量加大，耐久力提高。此外，羽毛球运动要求练习者在短时间对瞬息万变的球路作出判断，果断地进行反击，因此，它能提高人体神经系统的灵敏性和协调性。羽毛球运动既是技巧性很强的运动，也是一种普及性很好的运动，老少皆宜。

（2）可调节运动量。羽毛球运动适合于男女老幼，运动量可根据个人年龄、体质、运动水平和场地环境的特点而定。青少年可作为促进生长发育、提高身体机能的有效手段进行锻炼，运动量宜为中强度，活动时间以40～50分钟为宜。适量的羽毛球运动能促进青少年增长身高，培养青少年自信、勇敢、果断等优良的心理素质。老年人和体弱者可将羽毛球运动作为保健康复的方法，运动量宜较小，活动时间以20～30分钟为宜，达到出出汗、弯弯腰、舒展关节的目的，从而增强心血管和神经系统的功能，预防和治疗老年人心血管和神经系统方面的疾病。儿童可作为活动性游戏方法来进行锻炼，让他们在阳光下奔跑跳跃，并要求他们能击到球，培养他们不畏困难、不怕吃苦、不甘落后的品质。

三、羽毛球初学者应注意的问题

羽毛球初学者应注意的问题如下：

（1）力争在身体前上方击球，千万不要让球落至颈部以下高度，否则回击的球就没有攻击力。

（2）握拍手尽可能保持放松，以便最大限度地发挥手腕的力量。

（3）在单打时，每次击球后应立即回到中心位置。在双打防守时则应回到与同伴平行的位置，而在双打进攻时则应与同伴保持前后的位置，在双打发球时，发一短球后应立即向前封网以防对手打短球回击。

（4）在单打时，除非扣球，千万不要把球打在对方的中场，尽可能打两角。

（5）在进行有力的正手或反手击球时，身体应向击球一侧转动，以便站稳双脚。

（6）单打发球要尽量高而远，双打发球要短，球的飞行路线要贴近球网的上缘，发球要多变。

（7）在规则允许的范围内尽可能多地用假动作迷惑对方，但事先不要流露自己的意图。

（8）打高远球时，要准确地判断球的飞行方向，球要尽可能打得高而且接近对方底线。

（9）吊网前球时，球的路线要短，并尽可能靠近球网。

（10）扣球的应尽可能远离对手或直接命中对方的握拍手或肩。

（11）当自己一时不知所措或需要短暂的喘息机会，可打一高远球，然后回到本场中心位置。

（12）对于初学者来说，反手端线通常是其薄弱区域，应注意打其弱点。

（13）在前场回击高球时，应尽量采用扣球。扣球是重要的得分手段。但不要在底线处击出高而短的球，这通常会给对手制造杀球机会。

（14）许多运动员有自己的特有打法，因此要善于判断球的落点，及时进入适宜的位置，但不要过早暴露自己的动向。

（15）在双打接发球时，要举起球拍迫使对方发低球。如果对方的发球过高，立即上前扑杀。

（16）如果正在得分，不要改变打法；如果正在失利，则应立即调整打法；如果连续进攻没有奏效，可打一高远球，然后寻找战机重新发起进攻。

四、羽毛球运动前要做的准备活动

羽毛球爱好者在运动前要根据个人的力量、打法选择好重量和磅数适合自己的球拍。根据各人情况，提前戴好护具，如护腕、护膝、宽腰带等，以保护容易受伤的部位。在上场前，清扫场地，除去场地内的杂物、沙土、石子等。同时观察场地的构造，逐步适应场地的软硬、摩擦力。

准备活动要充足。准备活动的目的就是促使人体机能从平静过渡到正式运动时紧张的肌肉活动状态，从而提高中枢神经的兴奋，增强身体各器官及系统的活动能力。运动前首先要进行身体全面的准备活动，使身体各关节都得到活动，项目包括慢跑、拉韧带（转颈、旋肩、弯腰、弓背、压腿、扭胯、屈膝、绕踝）等，使全身肌肉都得到拉伸。此外，还需要进行一些羽毛球的专项准备活动，如挥拍活动、启动步法及前后左右各个方向的步法跑动练习。另外，准备活动的强度与时间要控制好，以身体感觉发热、微微出汗为最佳。充足的准备活动可以提高中枢神经系统兴奋性，增强身体能量代谢，克服人体自身的物理和生理惰性，提高肌肉、跟腱、韧带以及关节囊的弹性和韧性，使身体各部分适应高度运动环境，这样才能有效地预防运动损伤的发生。

争取掌握羽毛球技术动作。对羽毛球爱好者技术动作来源的问卷显示：有95%爱好者的技术动作来源自学，只有5%的爱好者有过系统学习的经历，技术动作存在问题是羽毛球爱好者中较普遍的现象，在练习或比赛过程中，动作结构不正确，会引起与解剖结构的矛盾，这样会加大骨关节和肌肉的负担，导致损伤。因此动作技术的规范化十分必要，这也是预防损伤的重要手段。学习规范的技术动作对避免运动损伤有重要作用。正确规范的技术动作可以有效地减少关节磨损、韧带拉伤；良好的发力动作可以有效地避免肌肉和关节韧带的拉伤；合理的步法可以有效地避免脚踝、大腿肌肉损伤，减少脚部磨损。

加强身体素质训练。良好的身体素质是避免运动损伤的有力保障。身体局部力量的发展对身体各部位的保护也非常重要，如脚部力量的发展可以有效地避免脚踝的损伤，手臂手腕力量的发展可以有效地避免手腕的损伤等。加强运动健身基础知识学习，增强运动损伤急救能力要有良好的理论支撑，学习科学的健身基础知识，可以更好地领会技术动作，减少危险动作的运用，从而减少运动损伤的发生；学会简单的运动损伤急救措施，可以有效地避免运动损伤的加重，有助于身体损伤部位的快速康复。

注意运动场地，选择适合的运动装备。选择合适的运动场所可以有效避免硬件设施原因发生的损伤。如太滑的木地板容易摔倒，裂缝的塑胶场地容易扭伤脚踝。羽毛球运动对场地要求无风，因为风对羽毛球的影响很大。如果没有室内场地，此项运动的开展会受到制约。不合适运动的服装也是造成运动损伤的原因之一，如穿长袖衣服和裤子打球不便于跑动，容易摔倒或是拉伤；穿不合脚的鞋子容易造成脚部的磨损。运动服饰的选择对羽毛球运动也是至关重要的，如一双好的羽毛球鞋可以有效地避免运动过程中的摩擦损伤并有良好的防滑作用。

合理安排运动负荷。运动负荷是由运动时间和负荷强度两大因素决定的。因此练习强度增大时就应缩短练习时间，而当练习时间延长时就要降低负荷强度。在系统训练中负荷要大、中、小结合，有一定周期特点，波浪式提高。同时，要注意有选择性地采用辅助练习，注意避免在身体局部负担过重和身体疲劳的状态下过度用力。

主要关键部位受伤的预防与治疗措施如下：

（1）手腕关节损伤。在羽毛球课上，手腕关节损伤是较常见的损伤。由于羽毛球的技术要求，无论是击打、扣杀及吊、挑、推、扑、勾球时都要求手腕有基本的后伸和外展的动作，然后随着不同的技术要领手腕快速伸直闪动鞭打击球或手腕由后伸外展到内收，内旋闪动切击球，手腕在这种快速的后伸，鞭打动作中，还不断做出不同角度的外旋及屈收动作，使手腕部的薄弱环节三角软骨盘不断受到旋转辗挤造成损伤。因此，学生在进行羽毛球运动中应该特别注意手腕的准备活动，并且应长期坚持做好手腕损伤的预防工作。

手腕损伤的改善措施：可用小哑铃或沙瓶负重做腕部练习，增加腕部力量。次数与重量根据个人情况而定，以每次练习出现臂酸胀为止，或者加重球拍的重量绕 8 字练习，以加强改善腕部的肌肉活动能力，同时还可以发展手指力量。在运动时带上护腕或用弹力绷带加固，可加强对腕关节的保护。

（2）踝关节损伤。有关资料研究表明，运动中造成踝关节损伤的主要原因是支撑落地脚不稳，技术动作不良，带伤练习，起跳动作错误及准备活动不足。而在羽毛球运动中，全场移动、跨步支撑、起、跳、落地都将用到踝关节。因此，学生应该了解和掌握预防踝关节的损伤方法，这是十分必要的。踝关节扭伤后，绝不能再继续运动，不能马上揉搓，不能在没有检查伤病轻重的情况下，立即用冷水冲洗来达到冷敷止血的目的。如果再冲洗踝部就会迅速肿起来，要是损伤严重的话会给治疗带来麻烦。不能在没有检查伤病的轻重就上药物包扎，因为有的会出现皮肤反应，从而影响手术治疗，以致延误治疗的最佳时机。在出现损伤后应立即用拇指压迫痛点（韧带的断裂部）止血。如果扭伤不严重，停止30天运动即可痊愈。严重者应该立即到医院看医生。

踝关节损伤的症状：外踝损伤时，外踝前下方凹陷处不同程度的肿胀或皮下淤血，严重时，患者不能支持或站立，单纯的韧带撕裂，压痛大部分在外踝下方；合并撕脱性骨折时，在踝关节处有明显的局部性压痛；慢性的踝关节劳损时，表现在准备活动时疼痛，活动后减轻，大量运动后加剧。

踝关节损伤的改善措施：运动前注意热身，注意鞋要松紧适度（不能太松）；运动中注意避免过度疲劳，避免拼命；尽量少腾空跳起；加强踝关节周围肌肉的力量练习，如负重提踵、足尖走、足尖跳；出现踝关节损伤后，一定要及时检查、确诊，以免误诊导致慢性病理过程。

五、羽毛球对学生健康的好处

羽毛球是一项具有实际锻炼价值的运动项目，它能够增进健康、增强体质、培养意志、陶冶心理，提高人体神经系统的灵敏性和协调性。最重要的是，羽毛球具有广泛的群众基础，深受广大学生的喜爱。

（1）参加羽毛球锻炼对生理健康有一定的影响。无论是进行有规则的羽毛球比赛还是一般性的健身活动，我们都要在场地上合理地应用各种击球技法和步法将球在场地上往返对击，从而增大了上肢、下肢和腰部肌肉的力量，加快了我们全身的血液循环，增强了心血管系统和呼吸系统的功能。长期进行羽毛球锻炼，可使我们的心跳强有力，肺活量加大，耐久力提高。因此，经常参加羽毛球锻炼的学生能够改善和提高中枢神经系统的功能，使身体的适应能力和工作能力得到增强；促进血液循环，提高心脏功能；改善呼吸系统的功能；提高身体素质；调整人的心理，缓解心理压力，使人心情舒畅，精神愉快；帮助人们保持正常的体重，保持健美的体型，有利于塑造男性孔武有力、女性苗条健美的体形；可以改变孤僻的心理特征，培养勇敢、顽强、自信、果断的性格；有助于提高人体对外界的适应能力，有效防治疾病，起到延缓衰老的作用。

（2）参加羽毛球锻炼对心理健康也有重要的意义，具体表现在以下四个方面：

首先，羽毛球锻炼有利于调节我们的情绪，保持乐观的心情。情绪有积极乐观的情绪和消极悲观的情绪，由消极悲观情绪引起的疾病极大地危害着人的身体健康，而羽毛球锻炼则能转移不良的情绪。

其次，从某种角度上说，羽毛球锻炼有助于消除疲劳，恢复体力。随着科学技术的发展，人们生活节奏的加快，疲劳已成为一种流行的社会文明病。长期的疲劳状态会损坏自己的健康，得不到控制的疲劳逐渐影响和破坏各机体各组织器官及神经的正常状态，导致功能紊乱，甚至积劳成疾；然而经常参加羽毛球锻炼可以促进全身血液循环，全身上下都充满运动的血液，高远球、杀球、放网前球等打法都会有效带动全身心地投入，给疲劳的大脑输送更多的氧气和养料，有利于驱除脑力疲劳和提高思维效率，从而加速体力恢复的过程。

接着，羽毛球锻炼可提高应激能力，促进身心健康。应激是由外界情况的变化所引起的一种情绪。现代人由于生活紧张、竞争加剧、压力加大、人际关系复杂，普遍处于应激状态。过度的应激会引起身体不适，还会导致人的免疫功能的下降，诱发各种疾病。坚持羽毛球锻炼，会刺激大脑的反应能力，可提高心理应激水平，当遇到外界的强烈刺激时，能迅速做出反应，采取果断的措施，以健康的心态从容应对。

最后，羽毛球锻炼可以不断提高自信，完善自我。在与对手对打羽毛球时，一次次成功地击倒对方或一次次巧妙地回击，都能增强个人的自信心，也潜移默化地影响着学生的思维方式和行为模式，不断完善自己的技能。羽毛球的娱乐性很强。羽毛球飞翔的过程有快慢、轻重、高低、远近、狠巧、飘转等各种变化，运动者需要不停地奔跑和作出合适的动作，才能把球击打到对方的场地，所以对于参与者来说，其中的乐趣难以言表。而羽毛球动作轻盈，丰富多变，击球的节奏、跑动的节奏，都富有美感，所以它也是一项非常有观赏性的运动。对于经常面对电脑而使眼睛产生的疲劳和干涩酸痛感，可通过打羽毛球来进行缓解。羽毛球的飞翔有各种变化，这要求运动者的眼睛要紧紧追寻高速飞行的球体，眼部的睫状肌不断收缩和放松，大大促进了眼球组织的血液供应，从而改善了睫状肌的功能，消除眼睛疲劳，提高运动者的视觉灵敏度和眼睛的反应能力。羽毛球运动具有高竞争性、高对抗性和高强度，所以运动者能在运动中锻炼出机智、灵活、果敢、积极的心态和在复杂情况下辨清事态的能力；同时，由于比赛的紧张和竞争的激烈，使运动者的心理素质也能得到很好的锻炼。想赢对手，就必须比对手跑得更多、打得更巧或者打得更努力，面对体能的极限也要咬牙坚持，这对于培养良好的意志很有帮助。

第 三 章

体育锻炼注意事项

第一节 体育锻炼对人体健康的影响

人体是由神经系统、循环系统、呼吸系统、运动系统、消化系统、排泄系统、生殖系统、内分泌系统和感觉器官等组成的。体育锻炼是人体各器官系统协调配合所完成的；同时，体育锻炼又可以对各器官系统的活动产生良好影响。

一、体育锻炼对运动系统的影响

人体的各种运动都是骨骼肌收缩产生力量作用于骨骼，骨骼绕着关节运动所完成的。运动系统包括骨、关节、肌肉三部分。体育锻炼可以对运动系统产生良好影响。

（一）运动系统的一般结构与机能

1. 骨的结构与功能

骨构成人体的支架，具有一定的损伤愈合、修复再生的能力。人体骨骼的形态结构完善而复杂、坚固而灵活。正常成年人共有 206 块骨，其中头颅骨 29 块、躯干骨 51 块、上肢骨 64 块、下肢骨 62 块。人体骨骼按其形态可分为长骨、短骨、扁骨和不规则骨。长骨有骨体（骨干）和两端

（骺），骨体位于中间，较细，多呈管状，两端膨大。长骨主要分布于四肢。短骨一般呈立方形，主要分布于手腕和脚腕。扁骨呈板状，面积较大，薄而坚固，主要分布于颅盖。不规则骨的形态各异，多分布于躯干和头颅等处。

骨的功能具体表现在以下几个方面：

（1）支持负重。骨与骨连接成骨骼，构成人体的支架，具有支持人体局部和全身重量的作用。

（2）运动杠杆。骨在肌肉收缩时被牵拉，绕关节转动，使人体产生各种运动，起杠杆作用。

（3）造血功能。骨髓内的网状细胞经过分化可以变成血细胞。

（4）保护功能。骨围成的腔隙，保护人体的重要器官，例如颅骨保护脑，胸廓保护心肺等重要器官。

2. 关节的结构与机能

骨与骨之间以结缔组织相连，构成骨联结，通称为关节。按照关节的结构和活动情况，可将人体全身的关节分为不动关节、动关节和半关节，人们一般所说的关节常指动关节。

构成关节的主要结构为关节面、关节囊和关节腔。

（1）关节面。关节面是指形成关节的两个相邻部位，其表面覆盖一层关节软骨。多数关节面的软骨为透明软骨，可减少相邻两关节之间的摩擦，并有缓冲震动和减轻冲击的作用。

（2）关节囊。关节囊为附着在相邻关节面周缘及附近骨表面的结缔组织囊，内含血管和神经等。关节囊的外层称为纤维层，对关节起加固作用；关节囊的内层称为滑膜层，可分泌少量透明的滑液，在关节面之间起润滑作用，以减少摩擦。

（3）关节腔。关节腔是由关节囊和相邻骨关节面软骨共同围成的封闭腔隙。关节腔内的压力较大气压低，此现象称为负压。负压对加固关节起着非常重要的作用。

除关节的主要结构外，还有关节的辅助结构，这些辅助结构包括滑膜囊、滑膜襞、关节内软骨、关节韧带等，它们主要对关节起加固、保护和减少摩擦等作用。

3. 骨骼肌的结构和生理特性

人体的骨骼肌共有 600 多块。骨骼肌重量约占体重的 40%，其中四肢肌肉重量约占整个肌肉重量的 80%。每块肌肉一般都可分为肌腹和肌腱两部分。肌腹一般位于肌肉的中部，主要由肌纤维（即肌细胞）和血管、神经等组成。肌纤维具有收缩功能。人体的肌纤维又可分为红肌和白肌两种。红肌的收缩速度较慢，耐力较好，可维持长时间的收缩；白肌的收缩速度快，力量大，但容易产生疲劳。肌腱由致密结缔组织、神经纤维和毛细血管等构成。肌腱的韧性很大，能随强大的牵拉力将力传递给骨。肌肉借肌腱附着于骨。

肌肉的生理特性包括兴奋性、传导性和收缩性。肌肉对内外环境刺激产生反应的能力称肌肉的兴奋性。肌肉在其收缩前，先产生兴奋。在一定生理范围内，肌肉的兴奋性越高，肌肉收缩时产生的力量就越大。肌纤维某一点产生兴奋后可将兴奋传播至整个肌纤维，这种特性称为肌肉的传导性。肌肉接受刺激产生兴奋后，可使肌纤维收缩，这一特性称为肌肉的收缩性。肌肉的收缩过程非常复杂，简单地说，肌肉的收缩是肌肉蛋白质相互作用的结果。

（二）体育锻炼对运动系统的良好影响

1. 体育锻炼对骨的良好影响

人体长期从事体育锻炼，可改善骨的血液循环，加强骨的新陈代谢，使骨径增粗，肌质增厚，骨质排列规则、整齐。随着骨形态结构的良好变化，骨的抗折、抗弯、抗压缩等方面的能力也有较大提高。人体从事体育锻炼的项目不同，对人体各部分骨的影响也不同。经常从事以下肢活动为主的项目，如跑、跳等，对下肢骨的影响较大；而从事以上肢活动为主的项目，如举重、投掷等，对上肢骨的影响较大。体育锻炼的效果并不是永久的，当体育锻炼停止后，对骨的影响作用也会逐渐消失，因此，体育锻炼应经常化。同时，体育锻炼的项目要多样化，以免造成骨的畸形发展。

2. 体育锻炼对关节的良好影响

科学、系统的体育锻炼，既可以提高关节的稳定性，又可以增加关节的灵活性和运动幅度。体育锻炼可以增加关节面软骨和骨密度的厚度，并使关节周围的肌肉发达、力量增强、关节囊和韧带增厚，从而使关节的稳固性加强，可承受较大的负荷。在增加关节稳固性的同时，由于关节囊、韧带和关节周围肌肉的弹性和伸展性提高，关节的运动幅度和灵活性也大大增加。

3. 体育锻炼对肌肉的良好影响

体育锻炼对肌肉的良好影响表现在多个方面：

（1）肌肉体积增加。运动员，特别是举重等力量性项目运动员的肌肉块明显大于一般正常人，这说明体育锻炼和运动训练可以使肌肉体积增大。体育锻炼对肌肉体积的影响非常明显，一般进行力量训练就可以使肌肉体积增大，而且练什么肌肉，什么肌肉的体积就增大。

（2）肌肉力量增加。体育锻炼可以增大肌肉力量已被大量实验所证实，而且体育锻炼增加肌肉力量的效果也是非常明显的，数周的力量练习就会引起肌肉力量的明显增加。

（3）肌肉弹性增加。有良好体育锻炼习惯的人，在运动时经常从事一些牵拉性练习，可使肌肉的弹性增加，这样可以避免人体在日常活动和体育锻炼过程中由于肌肉的剧烈收缩而造成各种运动损伤。

二、体育锻炼对心血管系统的影响

（一）心血管系统的一般结构与机能

1. 心脏的结构与机能

心脏是由心肌构成的中空器官。心脏分为左、右两侧，左、右两侧又各分为心房、心室两部分，这样心脏实际可分为左心房、左心室、右心房、右心室四部分。心脏的左、右两侧不直接相通，而心房、心室之间借房室瓣相通，右侧是三尖瓣，左侧是两尖瓣。左侧心室与主动脉相连，右侧心室与肺动脉相连。心室和动脉之间有半月瓣，左心室和主动脉之间是主动脉瓣，右心室和肺动脉之间是肺动脉瓣。瓣膜的功能是保证血液在循环过程中朝着一个方向流动。

心脏的主要功能是通过心肌的收缩和舒张活动推动血液参加血液循环，以满足机体各组织细胞对氧气、营养物质的需要和代谢产物的排除。根据血液在体内的流动过程可将血液循环分为体循环和肺循环。体循环的血液途径为：左心房接受来自肺静脉含氧丰富的血液，再由左心室泵入主动脉，运至全身的各组织细胞，进行气体交换和物质交换后，经静脉流入右心房。肺循环的血液途径为：右心房接受来自身体各组织的含氧量较少的静脉血，再由右心室流入肺动脉至肺组织，在肺组织，二氧化碳释放，而肺组织的氧气进入血液，完成气体交换，血液再由肺静脉流入左心室。

心脏每收缩和舒张一次，称为一个心动周期。在每个心动周期的舒张期，血液由静脉流入心脏，在收缩期，心肌的主动收缩将血液由心脏射入动脉。心脏每分钟跳动的次数称为心率。心率与心动周期的长短有关。心动周期的时间越短，心率越快；反之，心率越慢。正常人安静状态时，心率约为 60~100 次/分。心率有较大的个体差异，不同年龄、不同性别、不同生理状态下，心率有所不同。初生儿的心率较快，每分钟可达 130 次以上，以后随年龄的增加逐渐下降，青春期时接近成年人水平；在成年人中，女性心率略高于男性；情绪激动和体温升高时，心率加快；体育活动时，心率明显增加。

心脏每次收缩时，由左心室射入主动脉的血量，称为每搏输出量。正常人安静时的每搏输出量为 70 毫升。心脏每分钟由左心室射入主动脉的血液量为每分输出量。一般情况下的心输出量常指每分输出量。每分输出量等于每搏输出量与心率的乘积。成人安静时心输出量为 3~5 升。在一定生理范围内，心脏收缩力大，回心血量增多，心率越快，心输出量也就越大，但心率过快，会因回心血量减少而造成心输出量下降，这在体育锻炼过程中具有重要意义。

2. 血管的结构与机能

人体内的血管可分为动脉、静脉和毛细血管，不同类型血管的功能不同。大动脉的管壁厚而坚硬，管壁内含有丰富的弹性纤维，因而富有弹性，称之为弹性血管，它可以缓冲血压波动，并保证在心脏舒张期继续推动血液循环。小动脉管壁含有丰富的平滑肌。平滑肌的收缩可以通过改变血管的口径改变血流阻力，又称阻力血管。毛细血管口径小，数量大，通气性好，是血液与组织液的交换部位，被称为交换血管。静脉血管的口径大，易扩张，体内多数血液存在于静脉系统中，因此静脉血管被称为容量血管。

血液在血管内流动时对血管壁的侧压力是血压。各类血管均有不同的血压，但一般血压多指动脉血压。动脉血压分为收缩压和舒张压。心脏收缩时动脉血压的最高值为收缩压，相当于 100～120 毫米汞柱；心脏舒张时动脉血压的最低值为舒张压，相当于 60～80 毫米汞柱。收缩压与舒张压之比为脉搏压或脉压。

（二）体育锻炼对心血管系统的良好影响

1. 窦性心动徐缓

体育锻炼，特别是长时间、小强度的体育活动可使人体安静时的心率减慢，这种现象称为窦性心动徐缓。窦性心动徐缓现象被认为是机体对体育锻炼的适应性心率的下降，可使心脏有更长的休息期，以减少心肌疲劳。

2. 每搏输出量增加

经常参加体育锻炼的人或运动员无论在安静状态下还是在运动状态下，每搏输出量均比一般正常人高。特别是在运动状态下，每搏输出量的增加就更为明显，这种变化使人体在体育锻炼时有较大的心输出量，以满足机体代谢的需要。

体育锻炼可使每搏输出量增加的原因是：

（1）心脏收缩力量增加。经常参加体育锻炼可使心肌细胞内蛋白质合成增加、心肌纤维增粗、心肌收缩力量增加，从而使心脏在每次收缩时能将更多的血液射入血管，增加心脏的每搏输出量。

（2）心室容积增加。体育锻炼后由于心脏收缩力量增加，心肌每次收缩后几乎将心室内的血液全部排空，造成心室内压下降，静脉回心血量增加，心肌纤维被拉长。长时间的体育锻炼可使心室容积增大，每次心室肌收缩前心室内均有较多的血液，因此，心脏每次收缩射出的血液也较多。

3．血管弹性增加

体育锻炼可以增加血管壁的弹性，这对老年人来说是十分有益的。老年人随着年龄的增加，血管壁弹性逐渐下降，可诱发老年性高血压等疾病。老年人通过体育锻炼，可增加血管壁的弹性，以预防或缓解老年性高血压症状。

三、体育锻炼对血液成分的影响

（一）血液的组成

血液是存在于心血管系统内的流动组织，它包括细胞和液体两部分。细胞部分是指血液的有形成分，总称为血细胞。液体部分称为血浆。人体内的血液总量约占体重的 7% ~ 8%。在正常情况下，每公斤体重的血量，男性多于女性，幼儿多于成年人。

1．血浆

血浆是血液的液体成分，约占全血液的 50% ~ 60%。血浆中除含水分外，还有各种血浆蛋白、无机盐、葡萄糖、激素等物质。血浆具有维持渗透压、保持正常血液酸碱度、防御和体液调节等多种功能。

2. 血细胞

血细胞分为红细胞、白细胞和血小板。

(1) 红细胞：血细胞中数量最多的一种。正常成年男子的红细胞数量为 450 万/立方厘米 ~ 550 万/立方厘米，平均为 500 万/立方厘米；正常成年女子的红细胞数量为 380 万/立方厘米 ~ 460 万/立方厘米，平均为 420 万/立方厘米。红细胞的主要功能为运输氧气和二氧化碳，缓冲血液酸碱度的变化。红细胞中含有一种重要的蛋白质——血红蛋白，红细胞的主要功能是由血红蛋白完成的。正常成年男子每 100 毫升血液中含血红蛋白 12 ~ 15 克，女子为 11 ~ 14 克，血红蛋白与红细胞数量有密切关系。红细胞或血红蛋白数量低于正常值称为贫血。

(2) 白细胞：无色，体积比红细胞大。正常人安静时血液中的白细胞数量为每立方厘米 5000 ~ 9000 个，其生理变动范围较大，进食后、炎症、月经期等都可引起白细胞数量的变化。白细胞又分为有颗粒的嗜中性粒细胞、嗜酸性粒细胞、嗜碱性粒细胞和无颗粒的淋巴细胞、单核细胞。白细胞的主要功能是防御病菌、免疫和清除坏死组织等。

(3) 血小板：无核，又称血栓细胞。正常人的血小板含量为 10 万/立方厘米 ~ 30 万/立方厘米。血小板的数量也随不同的机能状态有较大的变化。血小板的主要功能包括促进止血和加速凝血两个方面，同时还有营养和支持功用。

(二) 体育锻炼对血液的良好影响

1. 体育锻炼对红细胞数量的影响

体育锻炼对红细胞数量可产生良好的作用，主要表现在可使红细胞偏低的人红细胞含量增加。有研究工作者证实，运动员和经常参加体育锻炼的人安静时红细胞数量比不参加体育锻炼的人略高。但人体内的红细胞数量并不是越多越好，红细胞数量过多，会增加血液的黏滞性，加重心脏负担，对机体也是不利的。因此，体育锻炼可使红细胞数量偏少的人有所回升，但不会使红细胞数量过多。体育锻炼对血红蛋白的影响基本同红细胞的变化。

2．体育锻炼对白细胞数量和免疫机能的影响

体育锻炼是否能提高机体的抗疾病能力主要与白细胞数量及免疫蛋白含量有关。研究证实，合理的体育锻炼可以提高白细胞的数量和功能，特别是可以提高白细胞分类中具有重要作用的淋巴细胞的数量，这对于提高机体的疾病能力是至关重要的。另外，体育锻炼还可以提高体内的自然杀伤细胞数量和免疫球蛋白水平，亦可有效地提高机体抗病、防病的能力。

四、体育锻炼对呼吸系统的影响

（一）呼吸系统的一般结构与功能

1．呼吸系统的组成

人体的呼吸系统主要包括呼吸道和肺泡。呼吸道按其解剖结构可分为上呼吸道和下呼吸道。上呼吸道由鼻、咽、喉组成，下呼吸道由气管和各级支气管组成。呼吸道是气体进入肺组织的通路，能分泌黏液、浆液，具有润湿和净化空气的作用。不具备气体交换功能。肺泡是肺组织的基本构成单位，是气体交换的场所。肺泡膜表面有毛细血管网，肺泡膜对气体有很大的通气性，因此，血液在流经肺组织时可与肺泡内的气体进行气体交换。人体肺泡的总面积很大，大约有 100 平方米，足以满足体内气体交换的需要。一般情况下，仅有部分肺泡开放进行气体交换。

2．肺的通气功能

肺的重要功能之一是通过呼吸运动实现肺通气功能。肺的呼吸运动主要是由呼吸肌的收缩完成的。在一般情况下，人体的吸气肌收缩，使胸廓扩大，肺随之扩张，肺内压下降，外界气体进入肺泡，形成吸气。然后，随着吸气肌的舒张，肺和胸廓的弹性作用使肺容积减小，肺内压升高，肺内气体被排出体外，形成呼气。

评定人体肺通气功能水平对经常参加体育锻炼的人来说十分重要。常

见评定人体肺通气功能的指标主要有：

（1）肺活量：人体最大吸气后做最大呼气所能呼出的气体量。正常成人的肺活量值，男性为 3500～4000 毫升，女性为 2500～3500 毫升，儿童的肺活量值较成年人低，以后随年龄的增加，肺活量值不断增加。

（2）时间肺活量：最大吸气之后，以最快速度进行最大呼气，记录一定时间内呼出的气体量，以每秒钟的呼出气量占肺活量的百分数表示。正常人第一秒占 83%，第二秒占 96%，第三秒占 99%。应用时间肺活量指标可以进一步测定机体的肺通气量功能。

（3）肺通气量：单位时间内吸入（或呼气）的气体总量，一般以每分钟计算，故又称每分通气量。每分通气量等于呼吸深度与呼吸频率的乘积。正常成年人为 8～10 升/分。肺通气量随人体机能状态的变化有较大的变化，体育锻炼时，肺通气量明显增加。

3. 气体交换功能

气体必须经过两次交换才能使外界的氧气进入组织细胞，并使体内产生的二氧化碳排出体外，这两次气体交换分别是在肺和组织细胞内进行的，故称为肺换气和组织换气。

（1）肺换气。在肺泡中，当静脉血流经肺泡毛细血管时，由于肺泡内的氧分压高于毛细血管内血液的氧分压，二氧化碳分压低于血液内的二氧化碳分压，所以，肺泡内的氧气进入血液，而血液内的二氧化碳进入肺泡，经肺换气后，静脉血变成了含氧丰富的动脉血。

（2）组织换气。在组织细胞中，由于氧分压较低，二氧化碳分压较高，所以，当血液流经组织毛细血管时，血液内的氧气进入组织细胞，而组织细胞中的二氧化碳进入血液，组织换气后，含氧丰富的动脉血变成了含二氧化碳较多的静脉血。

（二）体育锻炼对呼吸系统的良好影响

1. 肺活量增加

肺活量是青少年生长发育和健康水平的重要指标。经常参加体育锻炼，特别是做一些伸展扩胸运动，可使呼吸肌力量增强，胸廓扩大，有利于肺组织的生长发育和肺的扩张，使肺活量增加。另外，进行体育锻炼时，经常性的深呼吸运动，也可促进肺活量的增长。大量实验证实，经常参加体育锻炼的人，肺活量值高于一般人。

2．肺通气量增加

体育锻炼由于加强了呼吸力量，可使呼吸深度增加，以有效地增加肺的通气效率，因为在体育锻炼时如果过快地增加呼吸频率，会使气体往返于呼吸道，使进入肺内的气体量减少。适当地增加呼吸频率，可使运动时的肺通气量大大增加。研究表明，一般人在运动时肺通气量能增加到 60 升/分左右，有体育锻炼习惯的人运动时肺通气量可达 100 升/分以上。

3．氧利用能力增加

体育锻炼不仅可以提高肺的通气能力，更重要的是可以提高机体利用氧的能力。一般人在进行体育活动时只能利用其氧最大摄入量的 60% 左右，而经过体育锻炼后可以使这种能力大大提高。体育锻炼时，即使氧气的需要量增加，也能满足机体的需要，而不致使机体过分缺氧。

第二节　体育锻炼的安全常识

"生命在于运动"，而运动必须有一定的规律性，只有掌握体育锻炼的一般生理卫生知识，科学地进行体育锻炼，才能起到健身强体、防病治病的作用。

一、体育锻炼常识

大量科学实验已证实，体育锻炼可以增强体质，提高人体的健康水平。随着现代生活水平的提高，余暇时间的增多，人们逐渐意识到参加体育锻炼的必要性和可能性。但是，人们在从事体育锻炼前经常会遇到一个共同的问题——怎样进行体育锻炼？对于一般人来说，在开始参加体育锻炼前，除进行一般的身体检查和必要的咨询外，首先要做好以下准备：

（1）培养锻炼兴趣。在从事体育锻炼前，应首先培养锻炼者对体育活动的兴趣，这是长期进行体育锻炼的前提。培养体育锻炼兴趣的方式有很多，如观看体育比赛、与亲朋好友进行体育活动等。有了浓厚的体育锻炼兴趣，就能自觉地投入到体育锻炼之中，从而取得理想的体育锻炼效果。

（2）选择活动项目。在进行体育锻炼时，除根据自己的兴趣选择活动项目外，还要考虑体育锻炼者自身的条件。青少年活泼好动，可以选择一些强度较大、带有游戏性质的活动项目，如打篮球、踢足球、爬山、游泳、健美操等；老年人身体机能较差，应选择一些活动量相对较小而且不容易出现运动损伤的活动项目，如太极拳、跑步等；对于一些为预防或治疗某些疾病而进行的康复性体育活动，则应根据锻炼者的身体状况选择活动项目，并且应在医生或运动医学工作者的指导下进行。同时，锻炼者还应根据不同的季节、气候条件确定活动项目，如冬季可进行长跑、滑冰等，夏季可进行游泳、篮球、排球等。总之，活动项目可多样化，选择的运动项目要对整体机能产生良好影响。

（3）确定运动强度。为增强体质而进行的体育锻炼主要是为了提高人体的健康水平，而不是为了创造运动成绩，所以体育锻炼的运动强度不宜过大，特别是中老年人和体育康复者更应如此。体育锻炼中控制运动强度最简单的办法是测定体育锻炼时的脉搏。虽然不同年龄和机能状况的人在体育锻炼时的最佳脉搏有所不同，但对一般体育锻炼者来说，体育锻炼时的脉搏控制在 140 次／分左右较为合适。由于体育锻炼时运动强度相对较小，因而运动的持续时间应相对较长，每天至少应在半小时以上。对于刚参加体育锻炼的人来说，一开始锻炼的时间宜短不宜长，以后随身体机能的适应，锻炼时间可逐渐加长。

二、体育锻炼前需要做的准备活动

体育锻炼前进行充分的准备活动，对于体育锻炼者来说是非常重要的。有些体育活动爱好者就是由于不重视锻炼前的准备活动而导致各种运动损伤，不仅影响锻炼效果，而且影响锻炼兴趣，对体育活动产生畏惧感。因此，每个体育活动爱好者在每次锻炼前都必须做好充分的准备活动。

（一）准备活动的主要作用

准备活动的主要作用如下：

（1）提高肌肉温度，预防运动损伤。体育锻炼前进行一定强度的准备活动，可使肌肉内的代谢过程加强，肌肉温度增高。肌肉温度的增高，一方面可使肌肉的黏滞性下降，提高肌肉的收缩和舒张速度，增强肌力；另一方面还可以增加肌肉、韧带的弹性和伸展性，减少由于肌肉剧烈收缩而造成的运动损伤。

（2）提高内脏器官的机能水平。内脏器官的机能特点之一为生理惰性较大，即当活动开始，肌肉发挥最大功能水平时，内脏器官并不能立即进入"最佳"活动状态。在正式开始体育锻炼前进行适当的准备活动，可以在一定程度上预先动员内脏器官的机能，使内脏器官的活动一开始就达到较高水平。另外，进行适当的准备活动还可以减轻开始运动时由于内脏器官的不适应而造成的不舒服感。

（3）调节心理状态。体育锻炼不仅是身体活动，而且也是心理活动，现在越来越多的研究认为，心理活动在体育锻炼中起着非常重要的作用。体育锻炼前的准备活动就可以起到这种心理调节作用，接通各运动中枢间的神经联系，使大脑皮层处于最佳的兴奋状态。

（二）如何进行准备活动

一般来说，准备活动时主要应考虑准备活动的内容、时间和量、时间间隔。

1. 内容

准备活动可分为一般准备活动和专项准备活动。一般准备活动主要是一些全身性身体练习，包括跑步、踢腿、弯腰等，其作用是提高整体的代谢水平和大脑皮层的兴奋状态，减少运动损伤的发生；专项准备活动是指与所从事的体育锻炼内容相适应的运动练习，如打篮球前先投篮、运球，跑步前先慢跑等。除非进行一些专门性运动和比赛，一般人在体育锻炼时只需做一般准备活动，即可进行正式的体育活动内容。

2. 时间和量

准备活动的量和时间随体育锻炼的内容和量而定。由于以健身为目的的体育锻炼量较小，所以准备活动的量也相对较小，时间不宜过长，否则，还未进行体育锻炼身体就疲劳了。半小时的体育锻炼，其准备活动的时间一般为 10 分钟左右。气温较低时，准备活动的时间也适当长一些，量可大一些。气温较高时，时间可短一些，量可小一些。

3. 时间间隔

运动员进行准备活动后适当的休息是为了使身体机能有所恢复，以便在比赛中创造优异成绩。与运动员正式参加比赛不同，一般人参加体育锻炼是为了增强体质，不是创造成绩，所以准备活动后接着进行体育锻炼即可。

三、合理选择体育锻炼的时间

参加体育锻炼的时间主要根据个人的生活习惯、身体状况或工作性质而定，一般很难统一。但就多数体育锻炼者来说，体育锻炼的时间多安排在清晨、下午和傍晚。不同的锻炼时间有不同的特点，练习者可根据自己的实际情况选择。

（一）清晨锻炼

许多人喜欢在清晨进行体育锻炼，首先是由于清晨的空气新鲜，早锻炼有助于排出体内的二氧化碳，吸入较多的氧气，加强体内的新陈代谢，提高锻炼的效果；其次，清晨起床后大脑皮层处于抑制状态，通过一定时间的体育锻炼，可适度提高大脑皮层的兴奋性，从而有利于一天的学习与工作，经常参加体育锻炼的人多有这样的体会，如果清晨不进行体育锻炼，一天都会觉得无精打采，提不起精神；再者，早锻炼时，凉爽的空气刺激呼吸道黏膜，可增强机体的抵抗力，以适应外界环境的变化，不易发生感冒等病症。所以有人说，早晨动一动，少闹一场病。对于清晨时间较宽松的离退休老同志来说，清晨不失为理想的锻炼时间。

但是，由于清晨锻炼多在空腹情况下进行，所以运动量不要太大，时间也不宜长。否则，长时间的运动会造成低血糖，不仅影响锻炼效果，而且会使身体产生不适应。另外，对工作学习紧张、习惯于晚起床的人来说，没有必要每天强迫自己进行早锻炼。

（二）下午锻炼

下午锻炼主要适合有一定空余时间的人，特别是大、中、小学的师生，经过一天紧张的工作后，下午进行一定强度的体育锻炼，不仅可以增强体质，而且可使身心得到调整。下午进行体育锻炼时，运动强度可大一些，青年学生可打球、做游戏，老年人可打门球、跑步。对心血管病人来说，下午运动最安全。医学研究表明，心血管的发病率和心肌劳损的发生率均在上午 6～12 时最高，所以，为了避免这一"危险"时辰，运动医学工作者认为，心血管病人的适宜锻炼时间应在下午。

（三）傍晚锻炼

晚饭后也是体育锻炼的大好时光，特别是对那些清晨和白天工作、学习十分忙的人来说尤为如此。傍晚进行适当的体育锻炼，既可以健身强体，又可以帮助机体消化吸收。傍晚运动的主要形式为散步，北方一些地区在傍晚集体扭秧歌，也适合于中老年人的活动特点。傍晚进行体育活动的时间可长可短，但一般不要超过 1 小时，运动强度也不宜大，心率应控制在 120 次/分。强度过大的运动会影响胃肠道的消化吸收。同时，傍晚锻炼结束与睡觉的间隔时间要在 1 小时以上；否则，会影响夜间的休息。

四、合理控制体育锻炼的运动量

体育锻炼时，合理控制运动量是影响运动效果的重要因素之一。活动量太小，达不到锻炼身体的目的；运动量过大，又会引起过度疲劳，影响身体健康。所以，每位体育运动爱好者在开始体育锻炼前就应学会监测运动量的方法。体育锻炼中常见的监测运动量的方法有以下几种：

（1）测运动时的脉搏。在体育锻炼时或体育锻炼后立即测 10 秒钟的心率和脉搏，就一般体育锻炼者来说，运动后即刻的心率最好不要超过 25 次/10 秒。脉搏次数过快，主要是发展机体的无氧代谢能力，这对一些专项运动员来说是十分重要的，但对提高身体的健康水平意义不大，而且运动量过大会增加心脏负担，可能会出现一些意外事故。即使是特殊需要，体育锻炼者运动时的心率也不要超过 30 次/10 秒。

（2）根据年龄控制运动量。年龄与体育锻炼中的运动量有密切的关系，随着年龄的增加，人体的运动能力逐渐下降，体育活动量也应随着减小。现在，体育活动中经常用"180 - 年龄"的值作为体育锻炼者的最高心率数，即 30 岁的人在进行体育锻炼时其心率数不要超过 150 次/分，而 70 岁的人参加体育锻炼时的最高心率不要超过 110 次/分，这一公式已广泛应用到以健身为目的的体育锻炼之中。

（3）根据第二天"晨脉"调节运动量。"晨脉"是指每天早晨清醒后（不起床）的脉搏数，一般无特殊情况，每个人的晨脉是相对稳定的。如果体育锻炼后，第二天的晨脉不变，说明身体状况良好或运动量合适；如果体育锻炼后，第二天的晨脉较以前增加 5 次/分以上，说明前一天的活动量偏大，应适当调整运动量；如果长期晨脉增加，则表示近期运动量过大，应该减少运动量或暂时停止体育锻炼，待晨脉恢复正常时，再进行体育锻炼。

（4）主观感觉。体育锻炼与运动员的运动训练不同，其基本原则为：锻炼时要轻松自如，并有一种满足感，这也是锻炼者进行运动量监测的一项主观指标。如果锻炼后有一种适宜的疲劳感，而且对运动有浓厚的兴趣，则说明运动量适合机体的机能状况；如果运动时气喘吁吁、呼吸困难，运动后极度疲劳、甚至厌恶运动，则说明运动量过大，应及时调整运动量。体育锻炼对身体机能是综合刺激，身体机能的反应也是多方面的，锻炼者可根据自身条件对身体机能进行综合评价，必要时，应在医务工作者的监督下进行。

五、体育锻炼时的正确呼吸方法

体育锻炼时掌握了合理的呼吸方法，可以有效地提高锻炼效果。对于体育爱好者来说，掌握合理的呼吸方法应注意以下几个方面的问题：

（1）采用口鼻呼吸法，减小呼吸道阻力。人体在进行体育锻炼时，氧气的需要量明显增加，所以仅靠鼻实现通气已不能满足机体的需要。因此，人们常常采用口鼻同用的呼吸方法，即用鼻吸气，用口呼气。活动量较大时，可同时用口鼻吸气，口鼻呼气，这样一方面可以减小肺通气阻力，增加通气，另一方面通过口腔增加体内散热。有研究证实，采用口鼻呼吸方式可使人体的肺通气量较单纯用鼻呼吸增加一倍以上。在严冬进行体育锻炼时，开口不要过大，以免冷空气直接刺激口腔黏膜和呼吸道而产生各种疾病。

（2）加大呼吸深度，提高换气效率。人体在刚开始进行体育活动时往往有这种体会，即运动中虽然呼吸频率很快，但仍有一种呼不出、吸不足、胸闷、呼吸困难的感觉。这主要是由于呼吸频率过快，造成呼吸深度明显下降，使得肺实际进行气体交换的量减少，肺换气效率下降。所以，体育锻炼时要有意识地控制呼吸频率，呼吸频率最好不要超过每分钟 25 ~ 30 次，加大呼吸深度，使进入肺内进行有效气体交换的量增加。过快的呼吸频率还会由于呼吸肌的疲劳而造成全身性的疲劳反应，影响锻炼效果。

（3）呼吸方式与特殊运动形式相结合。不同的体育锻炼方式对人体的呼吸形式有不同的要求。人体的呼吸形式可分为胸式呼吸、腹式呼吸和混合呼吸。在运动中呼吸的形式、时间、速率、深度以及节奏等，必须随身体运动进行自如的调整，这不仅能保证动作质量，同时还能推迟疲劳的出现。在进行跑步运动时，易采用富有节奏性的、混合型的呼吸，每跑 2 ~ 4 个单步一吸、2 ~ 4 个单步一呼；在进行其他的运动时，应根据关节的运动学特征调节呼吸，在完成前臂前屈、外展等运动时，进行吸气比较有利，而在进行屈体等运动时，呼气效果更好；在进行气功练习时，采用以膈肌收缩为主的腹式呼吸方式，效果较好；在进行太极拳、健美操等运动时，呼吸的节奏和方式应与动作的结构和节奏相协调。因此，在体育锻炼时，切勿忽视呼吸的作用，应掌握合理的呼吸方法，有效提高锻炼效果。

六、体育锻炼时的身体不适的应对办法

人体在体育锻炼过程中有时会出现一些不舒适感觉，这主要是由于活动时安排不当造成的，但在个别情况下也可能是某些疾病引起的。所以，锻炼者要能够及时判断运动中出现的各种不适，以便科学地从事体育锻炼，防止意外事故的发生。体育锻炼中的不舒适感觉及其一般处理办法如下：

（1）呼吸困难、胸闷。运动量过大，机体短时间不能适应突然增大的运动量，而出现呼吸困难、胸闷、动作迟缓、肌肉酸痛等症状，甚至不想继续运动，这种现象在运动生理学中被称为"极点"。极点主要是由于运动时呼吸方式不对（呼吸表浅，呼吸频率过快），或运动强度过大，造成机体缺氧，乳酸等物质在体内堆积，引起呼吸循环系统活动失调，并使大脑皮层的兴奋性下降。当出现上述症状后，一般不用停止体育锻炼，可适当降低运动强度，几分钟后，不适感觉即可消失。

（2）运动中腹痛。运动中腹痛主要有两种情况。一是胃痉挛，这主要是由于饮食不当，食物刺激胃，引起胃痉挛，或是空腹参加剧烈活动，胃酸刺激引起胃痉挛性疼痛。如果运动中出现这种情况，可暂时停止运动，做一些深呼吸运动。严重者，可作热敷，喝少量温开水，以使症状得到缓解。在以后的运动中，要注意锻炼卫生，改掉不良的锻炼习惯。二是肝脏充血，疼痛主要出现在右上腹，这是由于运动量突然加大，造成肝脏充血、肿大，牵拉肝脏薄膜，造成疼痛。出现这种情况，轻者可降低运动强度，再继续锻炼；如果连续几天体育锻炼均出现右上腹疼痛，则应去医院检查。

（3）肌肉疼痛。体育锻炼中肌肉疼痛有以下几种情况：

① 运动时肌肉突然疼痛，且肌肉僵硬。这种现象为肌肉痉挛，多出现在骤冷天气和天气炎热大量排汗时。肌肉痉挛多发生在小腿肌肉或足底。出现肌肉痉挛后，只要缓慢用手牵拉痉挛的肌肉，即可使症状缓解，轻者继续运动，重者可放弃当天的运动，第二天仍可继续参加锻炼。

② 肌肉突然疼痛，而且有明显的压痛点。这主要是由于肌肉用力不当，造成肌肉拉伤。肌肉拉伤后应立即停止体育锻炼，并进行冷敷、包扎等应急性措施，到就近医院治疗。

③ 肌肉酸痛，一般在刚开始体育锻炼后几天，无明显的压痛点。这种疼痛是体育锻炼过程中的一个生理反应过程，一般在第一次运动后的第二天出现，2~3天疼痛最明显，一般一周后消失。对于这种情况，没有必要停止体育锻炼，其处理办法可见本节第十小节。

④ 慢性肌肉劳损，主要表现在长时间出现局部性肌肉酸痛，而且连续锻炼不减轻。这主要是由于长期不正确的运动动作所造成的。慢性劳损的主要特征是不活动时劳损局部疼痛，而当身体进入活动状态后，疼痛症状减轻或消失。慢性劳损的恢复时间较长，一旦发现，就应彻底改变错误动作，形成正确的动力定型，以防劳损的发展。同时，及时去医院治疗。

七、体育锻炼后合理的饮食习惯

经常从事体育锻炼，可促进胃肠道的蠕动和消化液的分泌，对消化吸收机能可产生良好影响。但是，如果在体育锻炼后不注意饮食习惯，暴饮暴食，则会严重影响锻炼者的身体健康。

人体在体育活动时，支配内脏器官的交感神经高度兴奋，副交感神经的活动受到影响，这种作用可使心脏活动加强，骨骼肌血流量增加，以保证体育锻炼时肌肉工作的需要。人体在体育活动时，胃肠道的血管收缩，血流量减少，消化能力下降，这种作用要在运动结束后逐渐恢复。如果在运动后立即进食，则会由于胃肠的血流减少、蠕动减弱，消化液分泌减少，进入胃内的食物无法及时消化吸收，而且储流在胃中，牵拉胃黏膜而造成胃痉挛。长期不良的饮食习惯还可诱发消化道疾病。因此，在体育锻炼后应注意合理的饮食习惯。合理的饮食习惯应包括以下几点：

（1）体育锻炼后，不要急于进食，要使心肺功能稳定下来，胃肠道机能逐渐恢复后再用餐。这段时间一般为半小时，如果是在下午进行了较剧烈的体育锻炼，间隔的时间应相对长一些。

（2）与体育锻炼后进食不同，体育锻炼后的补水是可行的，只要口渴，在运动后或在运动中即可补水。以往人们担心运动中补水会增加心脏负担，使胃排空，现在看来这种担心是多余的。在天气较热的情况下，大量排汗引起体内缺水，不及时补水，可能会造成机体脱水、休克等症状。所以，运动中丢失的水必须及时补充。研究发现，中等强度的体育锻炼后，胃的排空能力有所加强，因此，运动后或运动中的补水是可行的。马拉松比赛途中的饮水站，也说明运动中补水是非常必要的。

（3）补水要注意科学性，不可暴饮。体育锻炼后的补水原则是少量多次，可以在运动后每 20~30 分钟补水一次，每次饮水量 250 毫升左右，夏季时水温 10℃ 度左右，其他季节最好补充温水。饮用不同成分的饮料对人体的影响不同，运动中排汗的同时也伴随着无机盐的流失，因此，运动后最好补充 0.2%~0.3% 的淡盐水，也可选用橙汁、桃汁等原汁稀释饮料。不要饮含糖量过高（大于 6%）的饮料，尽可能不饮用汽水。

八、剧烈运动后应注意的问题

在进行体育锻炼后，特别是剧烈运动后，有些人习惯于坐在地上，或是直接躺下来休息，认为这样可以加速疲劳的消除。其实，这样做不仅不能尽快地恢复身体机能，反而会对身体产生不良影响。

人体在进行体育锻炼时，心血管机能活动加强，骨骼肌等外周毛细血管开放，骨骼肌血流量增加，以适应身体机能的需要，而运动时骨骼肌的节律性收缩，又可以对血管产生挤压作用，促进静脉血回流。当人体在停止运动后，如果停下来不动，或是坐下来休息，静脉血管失去了骨骼肌的节律性收缩作用，血液就会由于受重力作用滞留在下肢静脉血管中，导致回心血量减少，心输出量下降，造成一时性脑缺血，出现头晕、眼前发黑等一系列症状，严重者会造成休克。因此，对于体育锻炼者来说，体育锻炼后应作一些整理活动。这样，一方面可以避免头晕等症状的发生，还可以通过改善血液循环，尽快消除疲劳，提高锻炼效果。在进行整理活动时应注意以下几个方面的问题：

（1）在运动后可以做一些放松跑、放松走等形式的下肢运动，以促进下肢静脉血的回流，防止体育锻炼后心输出量的过度下降。

（2）通过"转移性活动"加速疲劳的消除。转移性活动是指在下肢活动后，进行上肢性整理活动，右臂活动后做左臂的整理活动。通过这种积极性休息可使身体机能尽快恢复。大量研究已经证实，转移性活动确实可起到加速疲劳消除的作用。

（3）整理活动的量不要过大，否则，整理活动又会引起新的疲劳。在进行整理活动时，应当有一种心情舒畅、精神愉快的感觉。如果体育锻炼本身的运动量不大，如散步等，就没有必要进行整理活动。

（4）大强度体育锻炼后，如长距离跑、球类比赛后，应当进行全身性整理活动，必要时，锻炼者之间可进行相互间的整理活动和放松活动。

九、体育锻炼后要补充的营养物质

人体在体育锻炼后，除采用休息和积极性体育手段加速身体机能的恢复外，还可以根据不同形式的体育锻炼特点，补充不同的营养物质，以加速疲劳的消除。以营养因素作为身体机能的恢复方式时，应根据不同的运动形式补充不同的营养物质。

（1）在进行力量性练习时，如举重、健美、俯卧撑等，运动中消耗的主要是蛋白质，而肌纤维的增粗、肌肉力量的增加也需要体内蛋白质的合成。所以，为了尽快消除疲劳，提高力量锻炼的效果，在进行力量性练习后，应多补充蛋白质类物质。除要补充猪肉、牛肉、鱼、牛奶等动物性蛋白外，还要补充豆类等植物性蛋白，以保证机体丰富而又多品种的蛋白质供给。

（2）在耐力性练习过程中，如长跑、游泳、滑雪等，机体主要进行的是糖类物质的有氧代谢，消耗的主要是淀粉类物质，因此，在运动后可适当多补充些米、面等淀粉类物质。国外有些优秀的长跑运动员在进行耐力训练和正式比赛的前夕，有意识地多补充含糖较多的淀粉类物质，以增加体内的糖原始储备，提高训练效果，在比赛中创造优异成绩。

（3）在进行较剧烈的体育锻炼时，如球类比赛、快速跑、健美操等，机体主要靠糖的无氧代谢提供能量，糖在体内进行无氧代谢时，会产生一种叫做乳酸的酸性物质，这种物质在体内的积累会造成机体的疲劳，并使恢复时间变长。所以，进行较剧烈的运动，应多补充一些碱性食物，如蔬菜、水果等，而动物性蛋白等肉类物质则偏"酸"，在运动后的当天可适当减少。

（4）无论机体进行什么形式的运动，运动后都要补充维生素类物质，因为运动时体内的代谢过程加强，各种维生素都不同程度地参与体内的代谢过程。运动时体内的维生素消耗增加，需要在运动后补充。体育锻炼后应多吃些含维生素丰富的食物，如绿叶蔬菜、水果、豆类及粗粮等。对于体育活动者来说，运动后一般只需补充天然维生素，没有必要补充维生素制剂。

十、体育锻炼后肌肉酸痛的处理办法

刚开始进行体育锻炼的人，运动后的第二天甚至以后几天，常常有肌肉酸痛的感觉；有些经常参加体育锻炼的人，在突然增加运动量时，也会有同样的感觉。有些人担心自己受伤了而不敢继续进行体育锻炼。其实，这种担心是多余的。

（一）肌肉酸痛的原因

运动后出现肌肉酸痛多属于生理现象，是机体对训练的正常反应。目前对运动后的肌肉疼痛有多种解释：一种观点认为，体育锻炼后，肌肉出现了肌肉结构的"微"损伤，这种微损伤非常微小，只有在电子显微镜下才能看到，与我们平时所讲的肌肉拉伤是不同的，这种微损伤导致了肌肉的疼痛；另一种观点认为，人体在进行剧烈运动时，肌肉缺氧，使得肌糖原只能进行无氧代谢供能，以致肌肉中乳酸大量堆积而不能及时排除，乳酸刺激肌肉的感觉神经，使人感到肌肉酸痛；还有一种观点认为，运动时骨骼肌"充血"，引起肌肉内压力增加，刺激肌肉内的感觉神经末梢，产生肌肉酸痛。虽然目前有关运动后肌肉疼痛的准确原因尚不清楚，但比较一致的观点认为，这种疼痛不是病理性的，仍可继续进行体育锻炼。

（二）肌肉出现疼痛后可采取的主要措施

肌肉出现疼痛后可采取的主要措施如下：

（1）运动后可采用积极性恢复手段，如做一些压腿、展体等被动性牵拉活动，以使紧张的肌肉充分伸展、放松，改善肌肉组织的血液循环，缓解肌肉疼痛，使肌肉尽快恢复。在肌肉疼痛完全消失之前，可重复这些牵拉动，直到不适感觉完全消失。

（2）出现肌肉疼痛症状后，不要停止体育锻炼，而应当继续坚持锻炼，这样有助于尽快消除肌肉疼痛。只是运动的强度可以小一些，时间可稍微短一些，多做一些伸展性练习，坚持几天，疼痛症状就会消失。否则，如果停止锻炼，即使疼痛消失，再进行锻炼可能还会出现同样的症状，而且恢复的时间也相对较长。

（3）可配合使用按摩、热敷或冲热水澡等恢复手段，加快肌肉不适感的消除速度。

第三节　青少年体育锻炼时的注意事项

青少年的身体正处在生长发育时期，各器官系统的解剖生理特点与成年人有很大的不同，在安排体育锻炼时应充分注意到这些特点，从而使体育锻炼更有针对性。下面根据青少年运动系统、心血管系统、呼吸系统和神经系统的特点，介绍青少年体育锻炼时应注意的问题。

一、体育锻炼对运动系统的影响

青少年骨组织的水分和有机物质（骨胶原）多，无机盐（磷酸钙、碳酸钙）少，软骨成分较多。骨的这些结构特点使骨的弹性较好而坚固性较差，儿童的骨不易完全折断，但易于发生弯曲和变形。青少年的关节面软骨较厚，关节囊、韧带的伸展性大，关节周围的肌肉细长，关节活动范围大于成人，但关节的牢固性差，在外力作用下容易脱位。青少年的肌肉中水分多，蛋白质、脂肪、无机盐较少，肌肉细嫩，收缩机能较弱，耐力差，易疲劳。青少年身体各部分肌肉的发育不平衡，躯干肌先于四肢，屈肌先于伸肌，上肢肌先于下肢肌，大块肌肉先于小块肌肉的发育。肌肉力量的发展也有一定的规律性，在生长加速期，身高增长加速时，肌肉主要向纵向发展，肌肉力量和耐力较差，在生长加速期结束时，肌肉横向发展较快，肌纤维增粗，肌肉力量增加。

根据青少年肌肉、关节和骨的结构、机能特点，在体育锻炼时应注意以下几点：

（1）充分利用关节活动范围大的特点，多进行柔韧性练习；同时应重视发展关节的稳定性，以防关节损伤。

（2）适当的体育锻炼可以促进骨的生长，使身体长高，但运动负荷不可过大，而且要进行对称性练习，以免造成脊柱弯曲，肢体畸形。

（3）要有计划地发展小肌肉群的肌肉力量，促进肌肉的平衡发展。在生长加速期，应多采用纵跳和支撑自身体重等伸展肢体的力量练习，少进行或不进行大负荷的力量练习。

二、体育锻炼对心血管系统的影响

青少年的心脏体积相对较小，心脏收缩力量较差，而心率较快，随着年龄的增加，心脏收缩力量逐渐增加，心率减慢。青少年的血管壁弹性好，血管口径相对较成人大，外周阻力小，所以，青少年的血压值偏低。

根据青少年心血管机能的特点，在体育锻炼时应以有氧性练习为主，不要进行大强度体育锻炼，以免心脏负担过重。另外，体育锻炼时应尽量减少憋气、紧张性和静力性工作，以免心脏负担过重。

三、体育锻炼对呼吸系统的影响

青少年的胸廓狭小，呼吸肌力量差，肺活量小，呼吸表浅，呼吸频率快。青少年的最大摄氧量和负氧债能力低，肺通气功能较差，体育锻炼时主要通过增加呼吸频率来增加肺通气量，所以，青少年的有氧运动能力和无氧运动能力都较低。

青少年在体育锻炼时应注意以下几个方面的问题：

（1）青少年应以有氧运动为主要形式，强度不可过大，时间也不要太长；随着年龄的增加，运动强度才可逐渐增加。

（2）青少年体育锻炼时往往出现呼吸与运动不协调的现象，所以青少年应有意识地加深呼吸，运动时应特别注意深呼气。

（3）注意呼吸道卫生，养成用鼻呼吸的习惯。

四、体育锻炼对神经系统的影响

青少年的神经系统不稳定，兴奋过程占优势，兴奋过程在大脑皮层容易扩散，神经系统活动的集中能力较弱，表现为青少年活泼好动，动作不协调，容易出现多余动作，注意力不集中等。

根据青少年神经系统的特点，安排体育活动内容时要活泼多样，运动时间不要过长，可以用穿插短时间休息的办法，以使他们精力旺盛。

第四节 运动损伤的应急措施

体育锻炼中难免会出现运动损伤和运动性疾病，一旦发生，应迅速、正确地急救与处理。急救时，应本着挽救生命第一的原则。如因骨折疼痛而引起休克，应先处理危及生命的休克而后做骨折的固定。常见的运动损伤及其急救处理方法如下。

一、休克

休克是一种由急性的血液微循环功能不全而引起的综合征。

（一）原因

运动过程中造成休克的原因是多方面的，主要有运动量过大、身体生理状态不良，还有肝脾破裂大出血、骨折和关节脱位的剧烈疼痛等。

（二）症状

休克的早期常有烦躁不安、呻吟、表情紧张、脉搏稍快、呼吸表浅而急促等症状，此症状持续时间较短，易被忽略。之后，由兴奋期过渡到抑制期，表现为精神委靡不振，面色苍白、口渴、畏寒、头晕、出冷汗、四肢发冷、脉速无力，血压和体温下降，严重者出现昏迷。

（三）急救方法

应使病人安静平卧，注意保暖。对伴有心力衰竭的严重病人，应保持安静，使其半卧。可给病人服热水及饮料，针刺或点揉骨关、足三里、合谷、人中等穴位；由骨折等外伤的剧疼而引起的休克，应给以镇痛剂止痛。休克是一种严重而危险的病理状态，因此在急救的同时，应迅速请医生来处理或尽快送往医院。

二、出血

血液从破裂的血管流出，称之为出血。

（一）出血的分类

按破裂血管的种类可将出血分为：①动脉出血，其特征是血色鲜红，呈喷射状间歇式流出，速度快，出血量多，危险性大；②静脉出血，其特征是血色暗红，缓慢、不间断地流出，速度较慢，危险性比动脉出血要小；③毛细血管出血，其特征是血色鲜红，血从伤口慢慢渗出，常自行凝固，基本没有危险。

按出血的流处可将出血分为：①外出血，其特征是身体表面有伤口，可以见到血液从伤口流向体外；②内出血，其特征是身体表面没有伤口，血液由破裂的血管流向组织间隙（皮下组织、肌肉组织）形成淤血或血肿，流向体腔（胸腔、腹腔、关节腔）和管腔（胃肠道、呼吸道）形成积血。流入体腔或管腔的内出血，不易被发现，容易发展成大出血，造成失血性休克，故须特别注意。

（二）止血

据研究，健康成人每公斤体重平均有血液 75 毫升，全身总血量 4 ~ 5 升。一次出血达全身总血量的 10% 时对身体没有伤害。急性大出血达总量的 20% 时即可出现乏力、头晕、口渴、面色苍白等一系列急性贫血症状。当出血量超过全身血量的 30% 时，将危及生命。因此对有出血的伤员，尤其是大动脉出血的，都必须在急救的早期立即给以止血。止血的方法很多，在没有药物和医疗器械的条件下，现场急救的常用方法有以下几种：

（1）冷敷法：可降低组织温度，使血管收缩，减少局部充血，还可抑制神经的兴奋，从而达到止血、止痛，减轻局部肿胀的作用。冷敷法适用于急性闭合性软组织损伤，伤后立即施用，一般常用冷水或冰袋敷于损伤部位。冷敷与加压包扎和抬高伤肢同时应用，效果更佳。

（2）抬高伤肢法：用于四肢出血，抬高伤肢，使伤处血压降低，血流量减少，达到减少出血的目的。一般常和绷带加压包扎并用，对小血管出血有效，对较大血管出血，只能作为一种辅助性止血方法。

（3）压迫止血法：可分为直接压迫伤口止血和压迫止血点止血两种。直接压迫伤口止血可采用绷带加压包扎伤口止血，即先在伤口上覆以无菌辅料，再用绷带稍加压力压起来，此法适用于小动脉、静脉和毛细血管出血；还可采用指压止血，即用指腹或掌根直接压迫伤口，此法简便易行，但违背无菌操作原则，容易引起伤口感染，因此不在十分紧急的情况下，不应轻易使用。压迫止血点止血是用手指指腹压在出血动脉近心端相应的骨面上，暂时止住该动脉管的血流，这种止血方法操作简便，止血迅速，是一种临时性止血的好方法。

身体不同部位的动脉管压迫方法如下：

额部、颞部出血：用拇指指腹在同侧耳廓前上方一指宽处摸到颞浅动脉处，将其压在颞骨上。

眼以下面部出血：用拇指指腹侧在同侧下颌角前 1.5cm 处摸到面动脉搏动后，将其压在下颌骨上。

肩部和上臂部出血：将头转向肩侧，用拇指指腹在锁骨上 1/3 处摸到锁骨下动脉搏动后，将其按压在第一肋骨上。

前臂和手出血：将出血臂稍外转和旋外，在肱二头肌内侧缘中点摸到肱动脉搏动后，用拇指指腹将其压在肱内上。

大腿和小腿出血：让伤员仰卧，伤肢大腿稍外展和旋外，在腹股沟中点摸到股动脉搏动后，双手重叠用掌根将该动脉压在耻骨上肢上。

足部出血：在胫骨远端前方和内踝后方，将胫前动脉和胫后动脉压向胫骨。

三、骨折及骨折临时固定

骨的完整性遭到破坏的损伤，叫做骨折。骨折可分为闭合性骨折与开放性骨折两种。前者皮肤完整，治疗较易；后者皮肤破裂，骨折端与外界相通，容易发生感染，治疗较难。运动中发生的骨折多为闭合性骨折，它是严重的损伤之一。

（一）原因

（1）直接暴力：骨折发生在暴力直接作用的部位，如足球运动中运动员的胫骨受到对方足踢而发生胫骨骨折。

（2）间接暴力：骨折发生在接触暴力较远的部位，如摔倒时手撑地而发生锁骨骨折。

（3）肌肉强烈收缩：如提起杠铃时突然的翻腕动作，可因前臂屈肌强烈收缩而发生肱骨内脚踝撕脱骨折；投掷手榴弹时，因动作错误而发生肱骨骨折。

（二）症状

（1）碎骨声。骨折时伤员可听到碎骨声。

（2）疼痛。这是由于骨膜破裂，断端对软组织的刺激和局部肌肉痉挛所致。一般疼痛剧烈，活动时加剧，严重者发生休克。

（3）肿胀及皮下淤血。骨折后，由于附近软组织损伤和血管破裂，会出现肿胀及皮下淤血。

（4）功能丧失。骨完全折断后，失去杠杆和支持作用，加上疼痛，功能因而丧失。如髌骨骨折后，小腿就不能抬起。

（5）畸形。由于外力及肌肉痉挛，使断端发生重叠、移位或旋转，造成角畸形和肢体变短现象。

（6）压痛和震痛。骨折处有明显压痛。有时在远离骨折处轻轻震动或捶击，骨折处也会出现疼痛。

（7）假关节活动及骨摩擦音。完全骨折时局部可出现类似关节的活动，移动时可产生骨摩擦音。这是骨折的特有症状，但在检查时要慎重，不能故意寻找骨摩擦音，以免加重损伤。

（8）X线检查。用X线可确定是否骨折及骨折的情况。

（三）骨折时的临时固定

骨折时，用夹板、绷带把折断的部位固定、绑起来，使伤部不再活动，称为临时固定。这是骨折的急救方法。其目的是减轻疼痛，避免再操作和便于转送。如休克，应先抗休克，后处理骨折；如有伤口出血，应先止血，包扎伤口，再固定骨折。

1. 临时固定的注意事项

第一，固定前不要无故移动伤肢。为了暴露伤口，可剪开衣服，不要脱，以免因不必要的移动而增加伤员的疼痛和伤情。对于大腿、小腿和脊柱骨折，应就地固定。

第二，固定时不要试图整复，如果畸形很厉害，可顺伤肢长轴方向稍加牵引。

第三，夹板的长度和宽度要与骨折的肢体相称，其长度必须超过骨折部的上、下两个关节。如果没有夹板，可就地取材（如树枝、木棍、球棒等）或把伤肢固定在伤员的躯干或健肢上。夹板与皮肤之间应垫上软物，如棉垫、纱布等。

第四，固定的松紧要合适、牢靠。过松则失去固定的作用，过紧会压迫神经和血管。四肢骨折固定时，应露出指（趾）尖，以便观察血液循环情况。如发现指（趾）尖苍白、发凉、麻木、疼痛、水肿和呈青紫色症状，应松开夹板，重新固定。

2. 各部分骨折的临时固定法

第一，上肢骨折。锁骨骨折时，用两个棉垫分别置于双侧腋下，将两条三角巾折成宽带，分别绕过伤员两肩前面，在背后作结，形成肩环。再用一条三角巾折成宽带，在背后穿过两环，拉紧作结。最后用小悬臂带将伤肢挂起。肱骨骨折时，用一块长短合适的夹板，放在伤臂的外侧，再用两条绷带将骨折的上下部绑好，然后用小悬臂带将前臂挂在胸前，不要托肘，最后用绷带把上臂固定于胸廓。前臂骨折时，用两块长短合适的夹板，放在前臂的上侧和背侧，再用两条绷带固定，然后用大悬臂带挂起。手部骨折时，让伤员手握纱布棉花团或绷带卷，然后用夹板和绷带固定手及前臂，最后用悬臂带吊起。

第二，下肢骨折。股骨骨折时，用三角巾 5~8 条，折成宽带，分段放好，取长夹板两块，分别置于伤肢的外侧和内侧，外侧夹板自腋下至足部，内侧夹板自腹股沟至足部。放好后用上述宽带固定夹板，在外侧作结。髌骨骨折时，伤员取半卧位，一助手以双手托着伤肢大腿，急救者缓慢地将其小腿伸直，在腿后放一夹板，其长度自大腿至足跟，夹板与伤肢之间垫上软物，然后用 3 条三角巾折成宽带，于膝上、膝下和踝部固定。小腿骨骨折时，用两块夹板，一块在外侧，自大腿中部至足部，另一块在内侧，自腹股沟至足部，然后用宽带 4~5 条分段固定。足部骨折时，将鞋脱去，在小腿后面放一直角形夹板，用棉垫垫好，然后用宽带固定膝下、踝上及足部。

第三，脊柱骨折。如疑有胸腰椎骨折，应尽量避免骨折处移动，更不能让伤员坐起或站起，以免引起或加重脊髓损伤。准备好硬板担架（床板或门板），由四人抬伤员上担架。抬时，三个人并排站在伤员一侧，跪下一条腿，将手分别摆在伤员的颈、肩、腰、臀、腿及足部，由一人发口令，同时抬起；对侧第四人帮助抬高臀部，并将担架迅速放在伤员下面，同时轻轻放下。放下时应使伤员俯卧在担架上，胸部稍垫高，固定不动。颈柱骨折时，应由三人搬运，其中一人管头部的牵拉固定，使头部与身体成直线位置不摇动，将伤员仰放在硬板床上，在颈上垫一小垫，不要用枕头，头颈两侧用沙袋或衣服垫好，防止头部左右摇动。

四、脱位

由于暴力的作用使关节面之间失去正常的连接关系，叫做关节脱位。关节脱位可分为完全脱位和半脱位。前者是关节面完全脱离原来的位置，后者为关节面部分错位。完全脱位时常伴有关节囊撕裂、关节周围韧带和肌腱的损伤。

（一）原因

运动中发生的关节脱位大多是由于间接外力所致。如摔倒时手撑地，可引起肘关节脱位或肩关节脱位。

（二）症状

（1）受伤关节剧烈疼痛，并有明显压痛。这主要是由于关节位置的改变，使神经和软组织受到牵扯和损伤。

（2）关节功能丧失，受伤关节完全不能活动。

（3）畸形。由于关节正常位置的改变，正常关节隆起处塌陷，而凹陷处则隆起突出，整个肢体常呈现一种特殊的姿态。与健侧肢体比较，伤肢有变长或缩短的现象。

（4）用X线检查可发现脱位的情况及有无骨折存在。

（三）急救方法

伤后应立即用夹板和绷带在脱位所形成的姿势下固定伤肢，保持伤员安静，尽快送往医院处理。

（1）肩关节脱位。可取三角巾两条，分别将顶角向底边对折，再对折一次成为宽带。一条用以悬挂前臂，悬臂带斜挎胸背部，于肩上缚结；另一条绕过伤肢上臂，于健侧腋下缚结。另外，可采用腕部包扎法，即用大三角巾，先把底边与顶角对折成宽带，将宽带中部放在腋下，两端在肩上交叉，分别绕过胸、背部，最后在对侧腋下作结。为了避免缚结处压迫腋下组织，可在腋下垫以棉花或其他松软物品。

（2）肘关节脱位。用铁丝夹板弯成合适的角度，置于肘后，用绷带缠住，再用悬臂带挂起前臂。若无铁丝夹板，可用普通夹板代替，或用三角巾固定的方法。用小三角巾包扎肘部的方法是，先令伤员肘关节屈曲，将三角巾顶角放在上臂后面，然后把两底角于前臂前面交叉，再绕至上臂原形面作结，最后将顶角反折塞入结内。关节脱位的整复，应由有整复技术的医生进行。没有整复技术和经验的人，不可随意做整复处理，否则会引起严重的损伤，并影响以后的功能恢复。

五、晕厥

晕厥是由于脑部一时血液供应不足而发生的暂时性知觉丧失的现象。

（一）原因

晕厥的原因包括：常由受惊、恐怖等引起的精神过分激动；长时间站立或下蹲稍久骤然起立，使血压显著下降；疾跑后站立不动，大量血液由于本身的重力关系而积聚在下肢舒张的血管中，回心血量减少，心输出量也随之减少，使脑部突然缺血。

（二）症状

晕厥时，病人失去知觉，突然昏倒。昏倒前，病人感到全身软弱、头昏、耳鸣、眼前发黑。昏倒后，病人面色苍白、手足发凉、脉搏慢而弱、血压降低、呼吸缓慢。轻度晕厥一般在跌倒片刻之后，由于脑贫血消除即清醒过来。醒后精神不佳，仍有头昏。

（三）急救方法

使病人平卧，足部略抬高，头部放低，松解衣领，注意保暖，用热毛巾擦脸，自小腿向大腿做重推摩和全手揉捏。在知觉未恢复以前，不能给以任何饮料或服药。如有呕吐，应将病人的头偏向一侧；如呼吸停止，应做人工呼吸。醒后可给以热饮，注意休息。

六、心跳和呼吸骤停的急救方法

当人体受到意外严重损伤（如溺水、触电休克等）时，会出现呼吸和心跳骤然停止，这时如不及时进行抢救，伤员就会很快死亡。人工呼吸与胸外心脏按压是进行现场抢救的重要手段，它可以帮助伤员重新恢复呼吸和血液循环。

（一）人工呼吸

人工呼吸的方法甚多，其中以口对口吹气法效果较好，而且还可同时进行胸外心脏按压。施行时使伤员仰卧，头部尽量后仰，把口打开并盖上一块纱布，急救者一手托起伤员的下颌，掌根轻压环状软骨，使软骨压迫食管，防止空气入胃，另一手捏住伤员的鼻孔，以免漏气。然后深吸一口气，对准伤员的口部吹入。吹完后松开捏鼻孔的手，让气体从伤员的肺部排出。如此反复进行，每分钟吹 16～18 次（儿童 20～24 次）。

注意事项：施行人工呼吸前，应将伤员领口、裤带和胸腹部衣服松开，适当地清除其口腔内的呕吐物或杂物。吹气的压力和气量开始宜稍大些，10～20 次后，可逐渐减小，维持在上胸部轻度升起即可。进行中应不怕脏，不怕累，一经开始就要连续进行，不能间断，一直做至伤员恢复呼吸或确定死亡为止。若心跳也停止，则人工呼吸应与胸外心脏按压同时进行。两人操作时，吹气与挤压频率之比为 1:4。

（二）胸外心脏按压

对心跳骤然停止的伤员必须尽快地开始抢救，一般只要伤员突然昏迷，颈动脉或股动脉找不到搏动，即诊断为心搏骤停。这时往往伴有瞳孔散大，呼吸停止，心前区听不到心跳，面如死灰等典型症状。此时应马上开始进行胸外心脏按压，以恢复伤员的血液循环。操作时，伤员仰卧，急救者以一手掌根部按住伤员胸骨下半段，另一手压在该手的手背上，肘关节伸直，借助体重和肩臂部肌肉的力量适度用力，有节奏并带有冲击性地向下压迫胸骨下段，使胸骨下段及其相连的肋软骨下陷3～4厘米，间接压迫心脏。每次压后随即很快将手放松，让胸骨恢复原位。成人每分钟挤压60～80次（儿童80～100次）。

挤压胸骨可间接压迫心脏，使心脏内血液排空。放松时，使胸由于弹性而恢复原状，此时胸膜腔内压下降，静脉血回流至心脏。反复挤压与放松胸骨，即可恢复心脏跳动。操作中，如能摸到颈动脉或股动脉搏动，上肢收缩压达60毫米汞柱以上，口唇、甲床颜色较前红润，或者呼吸逐渐恢复，瞳孔缩小，则为挤压有效的表现，应坚持操作至自主心跳出现为止。

注意事项：手掌根部压迫部位必须在胸骨下段（不要压迫剑突），压迫方向应垂直对准脊柱，不能偏斜，用力不可过猛，以免发生肋骨骨折。在抢救时，应迅速派人请医生来处理。

第 四 章

体育锻炼促进青少年成长

第一节　青少年的发育特征

　　根据发展心理学，十一二岁至十四五岁的初中阶段相当于少年期，十四五岁至十七八岁的高中阶段相当于青年初期。两者合在一起，即十一二岁至十七八岁阶段，就称为青少年期。那么，青少年的身心发展有何特点呢？国际心理学的文献往往是从青少年的生理发展、认知发展和社会性发展三个方面讨论这个问题的。我国发展心理学对青少年特点的研究，也是围绕这三个方面的特点而展开的，目的是分析和讨论青少年的生理发展、认知发展和社会性发展的变化特点，为未成年人，尤其是青少年思想道德建设的对策提供心理学依据。

一、青少年的生理发展

　　青少年正处于青春发育期，这个阶段既不同于儿童又不同于成人，它的最大特点是生理上蓬勃的成长，急骤的变化。个体从出生到成熟，其生理发育时快时慢。有两个阶段处于增长速度的高峰期，一个是出生后的第一年，另一个就是青春发育期，在科学上称"人生的两次高峰"。青春发育期生理上的发展变化是多种多样而又十分显著的，但归结起来，不外是身体外形、内脏机能和性的成熟等三类变化，总称为"三大变化"。这"三大变化"都具有可塑性。如果与 20 世纪 90 年代和 60 年代研究指标相比，我国青少年的身高不仅提高了 2.1 厘米，男、女青少年性成熟的平均年龄提前了近两岁，而且脑电波 α 波的发展也明显超过 20 世纪 60 年代的水平。就平均频率而言，20 世纪 90 年代 6 岁被试 α 波的平均频率就达到了 20 世纪 60 年代 10 岁被试的发展水平；20 世纪 90 年代 9～10 岁的被试则达到了 20 世纪 60 年代 12～13 岁被试的发展水平。由此可见，随着社会的进步，经济的发展，生活水平的提高，青少年的各项生理指标都表现出超前趋势。

二、青少年的认知发展

青少年的认知发展的特点可归纳为以下三个方面。

（一）青少年抽象逻辑思维的发展

什么叫抽象逻辑思维？一般认为，它是一种通过假设的、形式的、反省的思维，这种思维具有五个方面的特征：一是通过假设进行思维；二是思维具有预计性；三是思维形式化；四是思维活动中自我意识和监控能力的明显化；五是思维能跳出旧框框。任何思维方式都可以导致新的假设、理解和结论，其中都可以包含新的因素。从青少年开始，由于上述五个变化，思维必然更有新意，即跳出旧框框。于是从这个阶段起，创造性思维获得迅速发展，并成为青少年思维的一个重要特点。青少年抽象逻辑思维的发展有一个过程。在少年期的思维中，抽象逻辑思维虽然开始占优势，可是在很大程度上，还属于经验型，他们的抽象逻辑思维需要感性经验的直接支持。而青年初期的抽象逻辑思维，则属于理论型，他们已经能够用理论做指导来分析综合各种事实材料，从而不断扩大自己的知识领域。在青年初期的思维过程中，它既包括从特殊到一般的归纳过程，又包括从一般到特殊的演绎过程，也就是从具体提升到理论，又用理论指导去获得知识的过程。从中我们可以看出青少年思维的过渡型，即处于由经验型向理论型的转化，于是，抽象与具体获得了高度的统一，抽象逻辑思维也获得高度的发展。这种转化的关键期在初中二年级，约十三四岁。从初二开始，青少年的抽象逻辑思维即由经验型水平向理论型水平转化。到了高中二年级，约十六七岁，这种转化初步完成。这意味着青少年的思维或认知趋向成熟。所谓思维成熟，主要表现在以下三个方面：

（1）各种思维成分或认知成分基本上趋于稳定状态，基本上达到理论型抽象逻辑思维的水平；

（2）个体差异水平，包括认知风格、思维方式等，都趋于定型；

（3）成熟前，思维或认知发展变化的可塑性大，成熟后则可塑性小，与其成年期的思维或认知水平基本上保持一致，尽管也有一些进步。

青少年阶段具有抽象逻辑思维的发展特点。初中二年级是青少年认知或思维发展的一个转折点，它既可能成为学生学习成绩分化的认知基础，又可能成为引起学生思想道德变化的认知机制，因此重视初中二年级的教育教学工作是非常关键的；高中一年级的认知或智力表现和学习成绩变化的可塑性还是较大的，道德认识和思想变化也是起伏不定的，而高二、高三的学生则比较稳定，因为高中二年级是认知发展的成熟期，所以，抓住成熟前的各种认知、思维能力的提高是相当重要的。

（二）青少年辩证思维的发展

青少年的辩证思维是怎样发展的？研究发现：初一学生在小学的基础上，已经开始掌握辩证思维的概念、判断、推理等各种形式，但水平较为低下，仅仅是个良好的开端；初三学生正处于迅速发展的阶段，是个重要的转折时期；高二学生得分中的正确率已超过半数，这表明他们的辩证思维已趋于优势地位，但谈不上成熟（离成熟指标——统计上的第三四分点，即75%还有一定的距离）。青少年在掌握辩证思维的概念、判断和推理的三种形式中，其发展趋势既有一致性，又有区别性：辩证概念和辩证判断的发展，似乎是同步的，在每个年级中，两者几乎都处于同一发展水平。而辩证推理的发展，则远远落后于前两者，即使到了高二阶段，其正确率的百分数也远远不足一半（仅37.10%）。这既表现了这三种辩证思维形式的发展概况，又说明辩证思维发展中诸成分之间明显地存在着不平衡性。青少年辩证思维的发展固然是由中学阶段知识学习所奠定的基础，然而，由于它是认识或思维发展的高级阶段，发展的滞后性也是必然的。青少年辩证思维发展的不足，不仅影响其看问题的方法，即影响思想方法的全面性，易带盲目性，而且也影响他们的人生观和世界观的形成。在他们的心目中，什么是正确的幸福观、友谊观、英雄观、自由观和价值观，都还是个谜。所以，加强对他们辩证思维技能的训练，对于他们形成科学的人生观和世界观具有重要的意义。

（三）青少年思维品质的矛盾

思维品质的成分其表现形式有很多，诸如独立性、广阔性、灵活性、深刻性、创造性、批判性、敏捷性，等等。在不同的年龄阶段，思维品质的各成分及表现形式体现着不同的发展水平，这就构成了思维的年龄特征。在青少年期其思维品质的最突出特点是矛盾表现。由于社会对青少年有独立思考的要求，青少年思维品质的发展表现出新的特点，最为突出的是，其独立性和批判性有了显著的发展。但他们对问题的看法还常常是只顾部分、忽视整体，只顾现象、忽视本质，即容易片面化和表面化。这里，我们常常会发现和提出两个问题，一是青少年为什么有时要"顶撞"成人？二是青少年看问题为何容易带片面性和表面性？这是思维品质矛盾交错发展呈现出的问题。青少年看问题容易片面化和表面化，这是其年龄阶段的一个特点，是正常现象。我们一方面要大力发展他们的独立思考的能力，随时加以引导、启发；另一方面，还要对他们在独立思考中出现的缺点给予耐心的、积极的说服教育。对他们的缺点，采取嘲笑的或者斥责的态度是不对的，同样地，采取放任不管或者认为年龄大一点自然会好起来的想法也是不正确的。

三、青少年的社会性发展

（一）青少年社会性发展的主要表现

（1）追求独立自主。由于成人感的产生而谋求获得独立，即从他们的父母及其他成人那里获得独立。

（2）形成自我意识。确定自我，回答"我是谁"这个问题，形成良好的自我意识。

（3）适应性成熟。适应那些由于性成熟带来的身心的，特别是社会化的一系列变化。

（4）认同性别角色。获得真正的性别角色，即根据社会文化对男性、女性的期望而形成相应的动机、态度、价值观和行为，并发展为性格方面的男女特征，即所谓男子气（或男性气质）和女子气（或女性特征），这相对于幼儿期的性别认同来说是个质的变化。

（5）社会化的成熟。学习成人，适应成人社会，形成社会适应能力。价值观、道德观的成熟是社会化成熟的重要标志。

（6）定型性格的形成。发展心理学家常把性格形成的复杂过程划分为三个阶段：第一个阶段是学龄前儿童所特有的、性格受情境制约的发展阶段；第二个阶段是小学儿童和初中的少年所特有的、稳定的内外行动形成的阶段；第三个阶段是内心制约行为的阶段，在这个阶段里，稳固的态度和行为方式已经定型，因而性格的改变就较困难了。

（二）青少年友伴关系的发展

对于青少年来说，家庭关系、师生关系和友谊关系是最重要的三大社会关系。较之家庭关系和师生关系，友谊关系更具平等性。友谊关系的建立是以选择和承诺为基础的。友谊关系不如家庭关系那样稳定。青少年已经开始意识到友谊关系的特征，以及保持友谊关系的决定因素。青少年争吵的时候，愤怒的成分减少了，他们能够更加公正地解决与朋友、家庭成员之间的冲突。这也许是由于他们能够意识到太多的冲突会使他们失去友谊。青少年通常会选择与他们相似的同学为友，朋友间的相互影响又使其更为相似。同一个朋友圈的青少年，学习态度和学习成绩都较为相似，在同辈群体中也处于相似的地位。在个体的毕生发展中，无论是就友谊的强度和重要性程度而言，还是就与朋友共聚的时光而论，均莫过于青少年时期。友谊更具交互性。对亲密、忠诚和共享的重视，标志着青少年向成人式友谊的过渡。青少年朋友之间亲密程度的加强，不仅反映了其认知的发展，而且也反映了其情绪的发展。这个时候，青少年更善于表达其思想与情感。他们也更善于顾及他人的观点，因而也更善于理解朋友的思想与情感。青少年向朋友倾诉秘密的过程，是探索其自身情感的过程，是定位其人生坐标的过程，是确认其自我价值的过程。发展亲密关系的能力同心理适应能力和社会能力的发展都有很大的关系。一般地说，友谊关系稳定的青少年，自我概念积极，学习成绩优秀，人际关系良好，往往不会与他人敌对，也不会有焦虑感和压抑感。实际上，友谊与适应之间是一种相辅相成的关系：良好的友谊促进适应能力的发展，良好的适应能力又反过来推动着良好的友谊关系。

（三）青少年道德品质的发展

在整个中学阶段，青少年的品德，即道德品质，迅速发展，他们处于伦理观形成的时期。在少年期品德形成的过程中，伦理道德观已开始形成，但在很大程度上却表现出两极分化的特点。而青年初期的伦理道德规则带有很大程度的成熟性。他们可以比较自觉地运用一定的道德观念、原则、信念来调节自己的行为，伴之而来的是世界观的初步形成。

（1）青少年个体的伦理道德行为是一种以自律为形式，以遵守道德准则并运用原则、信念来调节行为的道德品质。这种品德具有六个方面的特征：

① 青少年能独立、自觉地按照道德准则来调节自己的行为。"伦理"是指人与人之间的关系以及必须遵守的行为准则。伦理是道德关系的概括。伦理道德是道德发展的最高阶段。从中学阶段开始，青少年个体逐渐掌握这种伦理道德，而且还能独立、自觉地遵守道德准则。我们所说的独立性就是自律，即服从自己的人生观、价值标准和道德原则；我们所讲的自觉性，也就是目的性，即按照自觉的道德动机去行动，以便符合某种伦理道德的要求。

②道德信念和道德理想在青少年的道德动机中占据重要地位。中学阶段是道德信念和理想形成，并开始用道德信念和理想指导自己行动的时期。这一时期的道德信念和理想在青少年个体的道德动机中占有重要地位。青少年的道德行为更有原则性、自觉性，更符合伦理道德的要求。这是人的人格或个性发展的新阶段。

③青少年品德心理中自我意识的明显化。这一特点从青少年开始就越来越明显，它既是道德行为自我强化的基础，又是提高道德修养的手段。所以，自我调节品德心理的全过程是自觉道德行为的前提。

④青少年道德行为习惯逐步巩固。在中学阶段的青少年品德发展中，逐渐养成良好的道德习惯是道德行为训练的重要手段。因此，与道德伦理相适应的道德习惯的形成，又是道德伦理培养的重要目的。

⑤青少年品德发展和世界观的形成是一致的。青少年世界观的形成与道德品质的发展有着密切联系。一个人世界观的形成是其人格、个性、品德发展成熟的重要标志。当他们的世界观萌芽和形成的时候，它不仅受主体道德伦理价值观的制约，而且又赋予其道德伦理以哲学基础，因此，两者是相辅相成的，是一致的。

⑥青少年品德结构的组织形式完善化。其一，青少年的道德行为不仅按照自己的准则规范定向，而且通过逐渐稳定的个性，产生道德的和不道德的行为方式。其二，青少年在具体的道德环境中，可以用原有的品德结构定向系统对这个环境作出不同程度的同化，随着年龄的增加，同化程度也在增加；还能作出道德策略，决定出比较完整的道德策略，这是与他们独立性的心理发展相关的；同时能把道德计划转化为外观的行为特征，并通过行为所产生的效果达到自己的道德目的。最后，随着青少年反馈信息的扩大，他们能够根据反馈信息来调节自己的行为，以满足道德的需要。

（2）青少年品德处于动荡型向成熟型过渡的阶段。

①少年期品德发展的特点是动荡的。从总体上看，少年期的品德虽然具备了伦理道德的特征，但仍旧是不成熟、不稳定的，具有较大的动荡

性。少年期品德动荡性特点的具体表现是：道德动机逐渐理想化、信念化，但又有敏感性、易变性；他们道德观念的原则性、概括性不断增强，但还带有一定程度具体经验的特点；他们的道德情感表现得丰富、强烈，但又好冲动而不拘小节；他们的道德意志虽已形成，但又很脆弱；他们的道德行为有了一定的目的性，渴望独立自主地行动，但是愿望与行动又有一定距离。所以，这个时期，既是人生观开始形成的时期，又是容易发生两极分化的时期。品德不良、走歧路、违法犯罪行为多发生在这个时期。究其原因，是前文曾经论述的三个因素：第一，生理发生剧变，特别是外形、机能的变化和性发育成熟了，然而心理发育却跟不上生理发育，这种状况往往使少年期容易产生笨拙感和冲动性；第二，从思维品质发展方面分析，少年期的思维易产生片面性和表面性，因此他们好怀疑、反抗、固执己见、走极端；第三，从情感发展上分析，少年期的情感时而振奋、奔放、激动，时而又动怒、怄气、争吵、打架，有时甚至会泄气、绝望。总之，他们的自制力还很薄弱，易产生动摇。我们应从各个方面帮助他们树立正确的观点，特别是人生观、价值观和道德观，以便他们作出正确的抉择。

② 青年初期是品德逐步趋向成熟的阶段。这个时期的品德发展进入了以自律为形式、遵守道德准则、运用信念来调节行为的品德成熟阶段。所以，青年初期是走向独立生活的时期。成熟的指标有两个：一是能较自觉地运用一定的道德观点、原则、信念来调节行为；二是人生观、世界观初步形成。这个阶段的任务是形成道德行为的观念体系和规则，并促使其发展进取和开拓精神。然而，这个时期不是突然到来的。初中二年级是中学阶段品德发展的关键期，继而初中升高中，开始向成熟转化。其实在初二之后，一些少年在许多品德特征上已经逐步趋向成熟。而在高中初期，却仍然明显地保持许多少年期动荡性的年龄特征。所有这些，都是我们在进一步加强和改进未成年人，特别是青少年思想道德建设中应该重视的问题。

第二节　体育锻炼促进青少年成长的发育

一、体育锻炼能培养青少年形成良好的品德

德育，是学校教育的首要任务。对中学生进行思想品德教育，既是德育的任务，也是体育的任务。学校体育教育用其自身的学科优势不失时机地对中学生进行思想品德教育，从而培养学生良好的道德品质。首先，体育锻炼以它丰富的活动内容吸引广大青少年。而中学生在这一阶段可塑性很强，同时也是中学生人生观、世界观形成的关键时刻。通过体育活动进行思想品德教育，更适应青少年的年龄特征，特别是结合不同运动项目的特点的要求，能较全面地对中学生的思想品德和个性进行培养。如田径运动可以培养青少年勇敢顽强的拼搏精神和坚忍不拔的意志品质，具有突出的教育作用；集体性非常强的如篮球、足球等球类项目，对培养中学生良好的组织纪律性、集体主义精神和机智灵活的应变能力，有显著的作用；体操、武术等项目有利于培养学生爱国主义精神和沉着、果断及自制能力。其次，在体育活动过程中，大多是集体的实践活动。在各种共同协作、相互配合的集体活动中，学生会表现出各种思想和行为。在一节体育课中，老师要求学生对体育器械、场地的爱护和同学之间的互帮互助等，这些活动本身就具有道德教育的成分，有助于学生学会正确处理个人与集体、自由与约束之间的关系，以及养成互相帮助的优良品质。上体育课时，老师采用比赛、评比和奖励优胜者的办法，有助于培养学生积极向上的竞争意识和勇于开拓的精神。个人、小组或班集体的竞赛、评比能激励中学生力争上游的竞争意识，让学生意识到每个人的努力程度将会直接影响到整个班集体的荣誉和成绩。同时激发学生努力锻炼身体、增强体质的愿望。另外，由于大多数体育活动伴有强烈的对抗性和竞争性，必然有胜负之分，其中难免会有粗暴的动作行为和语言，如故意伤害对方、个人英

雄主义和违反体育道德等不利于中学生全面健康发展的因素，这就需要体育老师在实施体育教学过程中进行引导和教育。大量事实证明，体育锻炼是培养和发展中学生优秀道德品质、良好行为习惯及完美个性的重要手段。

二、体育锻炼有助于青少年智力的提高

从我国几千年的教育史不难看出智育在所有教育过程中所占的重要位置。"万般皆下品，唯有读书高"，"学而优则仕"，认为学生的任务只应该是学习书本上的知识，片面追求学生成绩的高分数，不重视学生其他能力的培养，让学生成天苦游于题海书山之中，使学生不堪重负，从而出现了"高分低能"的现象，而体育锻炼、科技活动等素质教育之类学生应当享有的学习和生活乐趣只能成为学生的奢望。近年来，让学生从德、智、体等各方面协调发展的教育思想才得以贯彻到整个教育工作当中。特别是当前的素质教育理念更加明确了教育要全面发展的指导思想，所以教育工作者必须切实转变教育观念，确定正确的育人观："不求人人升学，但求个个成才。"而今许许多多的事实也证明，体育活动对于学生的学习成绩和学习效率的提高是有促进作用的。它主要表现在以下方面：

（1）体育锻炼能促进人体的生长发育和机能的发展，其中包括智育的物质基础——大脑和整个神经系统的生长发育。要使个人潜在的智力或神经活动能力得到充分的发展，只有大脑皮层反应灵活性和工作能力提高，加上脑细胞被激活后，才可以保证积极思维、良好记忆和注意的指向性、集中性得到最大的发展。而这些是学生学习科学文化知识所必须具备的生理和心理品质，这正是通过体育锻炼才可以做到的。

（2）经常参加体育锻炼不仅使锻炼者的注意、记忆、反应、思维和想象等能力得到提高，还可以使其情绪稳定、性格开朗、疲劳感下降等。当学生在封闭的教室学习时，时间一长会引起一系列的神经和心理紧张，甚至产生厌学情绪。而体育老师就可以对学生的这些问题有针对性地安排活动，从而增强学生呼吸系统、心血管系统的机能，充分向人体各组织、器

官和系统供应能量，改善大脑供氧状况，很快消除学生的疲劳感，提高大脑的各种能力。当然，体育对于智力的发展的确具有不可低估的促进作用，但如果体育活动占用时间大大超过学习时间，则会产生身体疲劳，从而影响学习，这是体育活动的不利因素，这会对中学生的全面发展形成一种障碍。所以应合理安排学生的课外体育活动时间，注重体育锻炼的实效性，把体育活动作为提高学习效率的一种催化剂。

三、体育锻炼对青少年智力和审美情趣有促进作用

体育包括丰富的美学教育内容，特别是人体的形态美和动作美的教育。一个人必须有了强健的身体才能去谈美。如果只有健康而没有美，健康也会失去光彩。只有体育与美育的完美结合才能培养健美一体的人。学校教育中的体育是为了中学生能成为健美一体全面发展的合格人才而努力的。在引导学生进行体育锻炼的教程中，不仅要求学生增强体质、促进身体的正常发育，还应该培养现代中学生的形体美、姿态美，使他们逐步形成健壮的体格，端正的身体姿态，敏捷矫健的动作，落落大方的风度，让学生体验到体育带来的终身快乐和幸福。由于体育课教学内容繁多，因此在给青少年进行体育教育的同时应当注意选择那些具有形象美的动作，如艺术体操、健美操、器械体操、武术等项目，培养学生在感知美、鉴赏美、表现美和创造美等方面的能力，同时加上体育老师自身健壮的体形，标准、优美的示范动作，生动、形象的语言讲解并组织学生观看高水平的体育比赛等，无形中便给了学生一种美的感受，进行了美的教育。

体育锻炼既是身体活动，又是心理活动和社会活动。它不仅有利于身体健康，同时对青少年个体的心理健康还具有促进作用，具体表现在以下几个方面：

（1）体育锻炼可以改善学生的情绪状态。青少年学生在名目繁多的考试和各科作业的压力下会产生各种焦虑反应、忧郁压抑的不良情绪，通过体育锻炼则可以转移学生因此产生的不愉快情绪和过激行为。

（2）体育锻炼能帮助学生树立良好的自尊、自立概念。有资料显示：

肌肉力量与身体自尊、情绪稳定性、外向性格和自信心成正比，不断加强力量训练会使学生的自信心显著增强。

（3）在体育锻炼中培养学生坚忍不拔的意志品质。学生在体育锻炼中要不断地克服种种客观困难和主观困难（如胆怯和畏惧心理、疲劳等），从而培养学生的良好意志品质，这些从锻炼中培养起来的优秀品质会对中学生今后的学习、工作和生活有所帮助。

综上所述，体育锻炼对于中学生在校阶段的全面发展起着至关重要的作用。同时，体育在学校教育中也是不可或缺的重要组成部分。它促进智育的发展，有利于提高学生的学习效率；能对中学生进行良好的思想品德教育，提高中学生的道德修养，培养中学生对美的鉴别、欣赏、表现和创造能力，陶冶美的情操，对青少年形成健康的心理起到良好的促进作用和积极影响。

第 五 章

体育锻炼的正确方法

第一节　体育锻炼遵循的原则和方法

体育锻炼可以增进健康，提高身体的运动素质和基本活动能力，并能防治疾病。但是，并不是只要参加体育锻炼，就一定会获得良好效果。如果锻炼内容、练习强度和练习方法等选择或运用不当，反而有害于健康。科学的体育锻炼原则是体育锻炼过程中客观规律的反映，是人们成功经验的总结和概括，也是人们参加体育锻炼所必须遵循的准则，它包括从实际出发原则、循序渐进原则、持之以恒原则、全面锻炼原则。

一、体育锻炼遵循的原则

（一）从实际出发原则

从实际出发原则是指锻炼身体应从个人的实际情况和外界环境条件的实际出发，确定锻炼目的，选择适宜的运动项目，合理地安排运动时间和运动负荷。这是增强身体素质及提高运动水平必须遵循的原则。

（1）从自身的实际出发：由于性别、年龄、体质和健康状况的差异，体育锻炼要从自己的实际情况出发，有目的地选择和确定运动项目、练习方法，合理地安排锻炼的时间和运动负荷。在每次锻炼前，都要评估自己当时的健康状况，使运动项目的难度和强度不要超过自己身体的承受能力。违反人体发展这一基本规律，只能损害身体健康。

（2）从外界环境条件的实际出发：参加体育锻炼时，一方面要根据自身的实际情况；另一方面，还要从季节、气候、场地、器材等外界条件的实际情况出发，按照科学的锻炼方法，合理地选择运动项目、练习时间、运动负荷，才能收到良好的锻炼效果。如在冬季应着重发展耐力和力量素质；在春秋两季应重点进行技术性的项目；在炎热的夏天，游泳是比较理想的运动项目，但在运动时不要在阳光下运动太长时间。在力量训练前，要仔细检查器械，避免伤害事故的发生。

（二）循序渐进原则

循序渐进原则主要是指在安排锻炼内容、难度、时间及负荷等方面要根据人体发展规律和超量负荷原理，有计划、有步骤地逐步提高要求，使人体在不断适应的同时，体质逐步得到增强。

（1）运动负荷的循序渐进：进行体育锻炼时，当机体对一定运动负荷产生适应之后，这种负荷对机体的刺激会变小，此时，可以适当增加练习时间和练习次数，让机体产生新的适应，但运动负荷的增加要由小到大，逐步提高。体育锻炼的开始阶段或中断锻炼后恢复锻炼时，强度宜小，时间宜短，不要急于求成。

（2）练习内容上的循序渐进：练习内容要由简到繁，在动作要求上应由易到难，逐步加大难度。应首先考虑简单易行、容易收到锻炼效果的项目和内容。在每次练习时，也应先从动作简单、强度不大的内容开始练习，然后逐渐增加动作难度和运动负荷。体育锻炼只有遵循人体生理、心理发展的基本规律，根据自己身体健康状况，科学地安排适宜的运动负荷和练习内容，才能收到良好的锻炼效果。

（三）持之以恒原则

锻炼身体要有连续性和系统性，只有经常参加体育锻炼，安排适合自己兴趣、爱好的运动项目，科学地制订健身计划，才能不断、有效地增强体质。科学实验表明：不经常参加体育锻炼或中断体育锻炼的人，会使原有的身体机能、素质和运动技术水平明显下降，且中断体育锻炼的时间越长，消失越明显。掌握一项运动技术也需要持之以恒。人的大脑中有大量的神经突触，必须通过固定形式的重复练习对这些突触连续进行某种刺激，才能在大脑中形成一整套固定形式的反应，即动力定型。动力定型建立后，运动者就能习惯性地、熟练地完成一整套练习。如果不能坚持练习，已形成的条件反射就不能及时得到强化而慢慢消退，动作记忆就不牢固。

（四）全面锻炼原则

全面锻炼原则是指通过体育锻炼使身体形态、机能、身体素质和心理品质都得到全面而和谐的发展。人体是一个有机的统一体，各个器官和系统的机能都是相互联系和相互影响的。因此，体育锻炼选择的练习内容和方法应力求全面影响身体，使各种身体素质和身体各器官系统的机能得到全面发展。练习内容和练习手段的选择不能过于单一，因为每种练习内容或练习手段对身体的影响都具有局限性，所以练习内容和练习手段应多样、丰富，避免长期局限于只锻炼身体某部位、只发展某种身体素质的练习。在锻炼中可以以某一项为主，辅以其他锻炼内容。如健美爱好者在进行肌肉力量练习的同时，可增加一些发展有氧耐力和柔韧素质的练习，使身体得到全面的锻炼。

上述四个锻炼身体的基本原则是相互联系、相互促进的。在参加体育锻炼时，只有全面贯彻执行科学锻炼身体的原则，才能使身体得到全面发展，不断提高健康水平。

二、体育锻炼的正确方法

要想获得好的锻炼效果，必须按照科学的锻炼方法进行练习。锻炼身体的方法很多，练习者可根据自身的年龄、性别、职业、体质、健康状况等进行选择。练习法可分为重复练习法、变换练习法、循环练习法等。

（一）重复练习法

重复练习法是指锻炼者在相对固定的条件下，按照健身计划和要求反复练习同一锻炼内容的方法。这种方法适用于：运动负荷较小或用时较短的练习；动作技术比较复杂，难以掌握的练习；运动负荷较大，难以一次完成的练习。如蛙泳 2000 米，可将练习分成 5 组，组间休息片刻，以保证计划的完成。采用重复练习法应注意以下几个方面：

（1）合理安排重复练习的总次数、每次练习的距离或时间、每次练习的强度（速度或时间）、各次重复练习之间的间歇时间等。

（2）保证每次重复练习的质量。不能因重复练习的次数多而降低动作要求或减少计划练习的数量。

（3）注意克服重复练习的枯燥感。一方面要锻炼意志，树立信心；另一方面可在练习前后或间歇穿插一些轻松、有趣的辅助性练习。

（二）变换练习法

变换练习法是指改变锻炼内容、强度和环境进行练习的方法，如变换练习的项目、提高或降低运动负荷、调整练习要素、改变练习地点等。采用变换练习法，可以提高中枢神经系统的灵活性，发展身体的调节能力和适应能力。采用变换练习法应注意以下几个方面：

（1）要以锻炼的实际需要为前提，有针对性地变换练习条件。

（2）合理安排采用变换练习法的锻炼计划，在锻炼中注意收集反馈信息，加强医务监督，及时根据个人的身体健康状况调整计划。

（3）变换练习法是短期的计划安排，变换练习主要是调整，变换练习时间过长、过于频繁都不利于锻炼计划的执行。

（三）循环练习法

循环练习法是根据身体锻炼的需要，确定循环练习的各项练习内容，在一次练习中依次循环进行练习的方法。这种练习方法可以弥补单一练习对身体发展作用比较单一的不足，使各练习之间的作用互相补充，有利于身体的全面发展。此外，由于锻炼内容多样，因此能够调动锻炼者的积极性。采用循环练习法应注意以下几个方面：

（1）要根据锻炼目的，确定循环练习的各项内容，使之互相配合。练习的组合一定要兼顾发展身体的不同部位、不同运动素质，使锻炼取得促进身体全面发展的效果。

（2）合理确定各项练习的比例和顺序。进行循环时，确定一个中心练习，其他练习可围绕着这一中心练习做出适当的安排。

（3）合理确定每项练习之间的间歇时间，应保证能顺利过渡到下一项练习。要根据锻炼者的身体健康情况而定。

（四）确定运动负荷的方法

运动负荷包括负荷强度和负荷量，无论以哪种体育方式进行健身或健美，适宜的运动负荷是非常关键的。下面介绍一些实用的确定运动负荷的方法。

（1）运动时即刻心率测定法。在一组或是一次运动后，立即测定自己的心率，以此来确定运动负荷的大小。一般认为：180次/分钟以上为大负荷运动；150次/分钟为中等负荷运动；130次/分钟以下为低负荷运动。体弱或是初次参加体育锻炼的人可选择中等强度的体育运动；体质强壮、运动水平较高的人可采用大、中运动负荷相结合的体育运动。

（2）基础心率测定法。在运动前及运动后的第二天分别测定自己的基础心率（早晨醒后立即测定自己的心率三次，取平均心率），然后进行比较。对于经常进行体育锻炼的人，他的基础心率应该是稳定，或略有起伏的；刚参加体育锻炼的人，运动后的基础心率会略有加快，但幅度不应过大，一般不应超过6次/分钟，若超过了12次/分钟，而又持续不下降，则说明运动负荷过大，应及时调整。

（3）用运动中的自我感觉来衡量运动负荷的大小。要想达到锻炼健身的目的，必须有一定的运动负荷做保证。如果在运动中过于轻松，说明运动负荷过小。一般人在进行体育运动时，应有一定的疲劳感，表现为呼吸、心跳加快，出汗等，这是比较适宜的运动负荷；若在运动中感到过于吃力、出汗过多，则说明运动负荷过大。这种方法以主观判断为主，虽然不够精确，但由于简便易行，运动者可以根据反馈信息及时调整运动负荷，比较适用。

（4）用锻炼期间的自我感觉来衡量运动负荷的大小。在运动期间，自己身体的种种症状是这种方法的主要依据，可根据食欲、睡眠、精神状态等主观感觉来监测运动负荷。在运动的最初阶段会感到肌肉酸痛、身体疲劳，这是一种正常的生理反应。但若持续感觉疲劳，或是睡眠不好，食欲缺乏，则说明运动负荷过大，应有针对性地进行调整。

第二节　通过体育锻炼提高身体机能

一、体育锻炼提高心肺循环系统功能的方法

人体的呼吸系统、血液与血管系统组成了人体的氧运输系统。氧运输系统对人的健康及生命有十分重要的作用，它把氧气从体外体内一并运送到各个器官组织，供人体生命活动的需要；呼吸系统把氧气从体外吸入体内，氧气进入血液与血液中的血红蛋白结合，由心脏这个血液循环的"动力站"不停地推动，使血液流到全身，将氧气送到人体各个组织器官。人体通过肺脏（呼吸器官）与外界环境间进行气体交换称为外呼吸；把氧气和营养物质源源不断地输送到人体的各个细胞的过程称为内呼吸，使之维持人体的新陈代谢。

（一）经常参加体育锻炼对肺循环系统、心血管循环系统的意义

（1）经常参加体育锻炼可以增加心脏的重量、体积，使心脏具有更强的工作能力。一般人的心脏重约300克，心容积约为750毫升，而运动员或是经常参加运动的人的心脏重量可以达到400～500克，心容积可达1000毫升以上。心脏的重量、容积增大，收缩力量增强，从而使每搏输出

量增多。这样在安静状态下，心脏就可以每分钟较少的搏动次数，保持与一般人同等的心输出量。因而，运动员安静时的心率低于一般人，大约在50～60次/分钟，而一般健康成年人心跳约为75次/分钟。安静时的心率减慢，可使心肌获得更多的休息时间，从而使心力储备增加。在人体运动时，心跳加速，经常锻炼的人由于每搏输出量增加，每分输出量也就大大高于一般人，可以提供更多的氧供给身体活动的需要。

（2）经常参加体育锻炼对血管有良好影响。血管分为动脉血管、静脉血管和毛细血管，它是血液流通和营养运输的通道。血压是指血液对血管壁的侧压力。经常参加体育锻炼可以使血管壁的弹性增加，血流的阻力减小，血流量提高，有利于血液循环；还可以使毛细血管的数量及横截面积增加，从而使末梢血流量增加。

（3）经常参加体育锻炼对预防心血管系统疾病有良好的作用。锻炼不仅能增强心脏功能，还能改善体内物质的代谢过程，减少脂类物质在血管内的沉积，增加纤溶酶的活力，防止血栓形成，保持与增进血管的良好弹性；同时还可以改善微循环，调节体内内环境的平衡与稳定；另外，在运动过程中，肌肉的收缩会产生一些化学物质（三磷腺苷、组织胺等），这些物质进入血液内有扩张血管的作用，从而使血压降低。因此，经常参加体育锻炼可以预防高血压，对心血管疾病起到积极的预防作用。

（4）体育锻炼对呼吸系统有良好影响。锻炼时肌肉活动产生的二氧化碳刺激了人体的呼吸中枢，使呼吸频率加快，肺容量加大，与此同时呼吸肌（膈肌、肋间上肌和肌间内肌）和呼吸辅助肌得到了锻炼，特别是膈肌的上下运动幅度增大。另外，在体育锻炼时，由于肌肉活动时需要更多的氧气，因而呼吸次数增加，深度加深，肺通气量大大增加。譬如，安静时一般人每分钟呼吸12～16次，每次吸入新鲜空气约500毫升，肺通气量约6～8升/分钟；而剧烈运动时呼吸次数可增至40～50次/分钟，每次吸入空气达2500毫升，为安静时的5倍，肺通气量高达70～120升/分钟。因而，在体育锻炼中，呼吸器官可得到很大锻炼与增强。如一般人在安静时，由于需氧量不多，只需要大约 1/20 的肺泡张开就可以满足人体氧的供给。而在体育锻炼时，由于需氧量的增加，促使大部分肺泡充分地张开，这对肺泡弹性的改善起到了良好的作用。同时，运动时肺部的毛细血管的循环得到改善，加强了肺部的营养，提高了肺的机能。

（二）进行以提高心肺循环系统功能为目的的体育锻炼中应注意的问题

（1）运动环境。人在过冷、过热、空气污染严重的环境中运动对心肺系统有很大的损害。因为人体在运动时，体内与周围环境之间的物质和体内物质转化过程加快，心跳加快，血液循环加快，肺的通气量比安静时增大约 20 倍，达到 100 升/分钟以上。若在过热的环境中运动，由于外界温度过高，人体的水分、盐分丢失过多，一方面会使心血管系统及肺的负荷加大，对其造成不良影响，另一方面，还可能导致热痉挛、中暑等；在过冷的环境中运动，由于外界温度低，冷空气对呼吸道有不良刺激，同时低温对心血管系统也有不良影响；在有污染的环境中运动更是有百害而无一利的，污染的空气中含有大量的硫化物、氯化物等有害的有机物，由于运动中循环代谢加快，会吸入更多的有害物质，不仅不能达到运动的目的，而且还会导致肺功能下降，引起呼吸道疾病。

（2）血压、血脂等指标不正常的人进行体育锻炼必须系统化、科学化。心血管系统疾病每年夺走 1200 万人的生命，接近世界人口总死亡率的 1/4，成为人类健康的头号杀手。专家指出：尽管心血管病是头号杀手，但靠合理膳食、控制血压、禁烟、体育锻炼等非药物治疗手段每年可挽救 600 万人的生命。因此，这一人群的体育锻炼必须系统化、科学化，运动负荷不宜过大，可选择骑车、步行、慢跑、打太极拳、练气功等运动方式。另外，运动中还要注意饮食结构，应以低脂低盐食物为主，不吃动物内脏，少食动物性脂肪，多吃蔬菜、水果等。

（三）提高心肺循环系统功能的基本手段和方法

1. 有氧运动

长时间、长距离的运动项目主要靠"有氧代谢"供能，称有氧运动。据有关资料表明：经常参加一些慢跑、骑自行车、滑雪和游泳等有氧运动项目，对改善心肺系统功能有明显效果。在有氧运动中，注意掌握适宜的运动负荷。若运动负荷强度过大，会造成氧供养不足，有氧代谢会转变为无氧代谢，对人的身体状况及运动水平有较高要求。

2. 无氧运动

人体在进行剧烈运动时，氧供应满足不了对氧的需求，人体主要靠"无氧代谢"供能维系运动，这称为无氧运动。因为无氧运动负荷强度大，对于体弱者及初次参加体育锻炼者不适合，但是对于经常参加体育锻炼的人来说，进行一定量的大强度的无氧运动，对进一步提高心肺功能、增强心肺循环系统的适应能力，具有良好的作用。

二、体育锻炼提高肌肉力量和耐力的方法

（一）提高肌肉力量和耐力的必要性

加强肌肉的力量和耐力，不仅可以增大肌肉的体积和提高运动成绩，有助于美化形体、矫正体态、强健体魄，更重要的是能提高运动者对自然环境的适应能力和工作、学习效率，对人的一生都有益处。研究表明，通过科学、合理的力量练习，能增强肌肉重量，提高人体的基础代谢率，增加休息状态时人体的热量消耗。1 小时的锻炼至少有 8 块肌肉参与工作，需要热量 500 卡路里，5 次训练课就能消耗掉近 0.5 千克脂肪能量。增加 0.5 千克肌肉每年消耗的额外热量相当于 1.5 ~ 2 千克脂肪的热量，能够达到减轻体重的目的，还可以保持皮肤的弹性。合理的力量练习还可以促进骨骼的生长发育。维持骨正常矿物质代谢依赖于对长骨纵向的压力。有计划的力量练习，能够在垂直方向给骨以负荷，对骨盐的增加有重要意义。因此，力量练习可以防止钙的丢失以及推迟骨质疏松症的发生；还可以加快血液循环，从而使骨得到充分的营养。长期的力量练习可以加强关节周围肌肉的力量，使关节软骨增厚，防止肌肉、肌腱和韧带的损伤，从而增强关节的稳固性，提高关节的灵活性。

（二）提高肌肉力量和耐力的原则

1. 渐增阻力原则

渐增阻力原则是指在力量练习过程中，要逐渐增加运动负荷。随着肌肉力量和耐力的增长，原来采用的重量、组数和重复次数以及间歇时间等这些构成运动负荷的因素都需要逐渐进行调整。当肌肉对某一运动负荷从不适应到完全适应之后，原来的超负荷变成了非超负荷或低负荷，此时如果不增加负荷，则力量、耐力就不能增长。例如：要增加局部肌肉的耐久力，就要逐步减少组与组之间的间歇时间或增加训练组数和训练次数。运动负荷要由小到大，动作由易到难、由简到繁，一切都要逐渐增长。

2. 专门性原则

专门性原则是指在练习中针对不同运动项目的需要或专项力量、耐力的需求程度而采取的练习手段和方法。在完成练习动作过程中，每块肌肉都有它各自的作用，但总有一块肌肉群是起主要作用的。如果最大限度地单独发展某一部位的肌肉，就要尽可能使主要用力肌肉与其他肌肉活动分开。例如，要单独加强上肢肱二头肌的力量，采用两臂弯举练习比采用引体向上练习的效果要好。再如，举重物练习中，采用大负荷、少组数的练习，可以增加肌肉的力量和体积，不能增加肌肉的耐力；而采用小负荷、多组数的练习，可以加强肌肉的耐力，但肌肉力量的增加不明显。

3. 经常性原则

增加肌肉的力量与耐力，要通过长期的、系统的训练。研究结果表明，如果每隔 72~96 小时（3~4 天）不进行适当的超负荷练习，肌肉就会变弱变小。停止练习 30 周后原增长水平完全消退。每周一次力量练习只能保持原有水平，每周两次力量练习可以增加力量，每周 3~4 次力量练习可以明显增加肌肉的力量。

（三）提高肌肉力量和耐力练习的要求及注意事项

1．制订科学的训练计划

根据要发展的肌肉部位和专项力量、耐力的需要，制订科学的计划。

（1）练习时间安排：根据个人工作、学习条件，早晨、白天和晚上都可以练习。早晨进行轻器械小负荷的一般身体训练为宜，因为经过一夜睡眠，人体各部位肌肉都处于放松状态，神经和肌肉反应较迟钝，肌肉不易很快兴奋。所以，早晨进行紧张的大运动负荷训练，容易引起伤害事故。上午可以进行大运动负荷训练，但需要一个适应过程，否则身体潜力不能得到最大限度的发挥。训练最好安排在下午 3～6 点，因为在这个阶段里，体力状态最佳，可承受大运动负荷的练习，从而保证练习的最佳效果。晚上练习应以不影响睡眠为原则，一般要在睡前 1 小时结束。练习一定要在饭后1～1.5 小时开始，饭前半小时结束。

（2）练习次数与时间：力量练习分为三个阶段，即开始阶段、慢速增长阶段和保持巩固阶段。

① 开始阶段（1～3 周）：每周练习 2 次，每次 1 小时左右。

② 慢速增长阶段（4～20 周）：每周练习 2～3 次，每次 1～1.5 小时。

③ 保持巩固阶段（20 周以上）：每周练习1～2 次，每次 1～1.5 小时。

（3）动作数量、组数、重复次数及间隔时间：增强肌肉力量与肌肉耐力的训练，其差别是负荷量和负荷强度的不同。原则上，肌肉训练所遵循的是大强度、少次数，即每组为 4～10 次。而肌耐力训练则是小强度、多次数，所用重量相对轻些，每组为 10～25 次。如每组次数在 15 次左右，则具有肌力和肌耐力的综合训练效果。上述所说的次数是以每个动作做 3 组为前提的。开始阶段，每次练习 6～7 个部位的肌肉，每个部位练一个动作，每个动作练 1～3 组，总组数为 12～20 组，每组之间休息不超过 1 分钟。每次训练课的练习动作应不同，以使局部肌肉得到全面锻炼；慢速增长阶段，每次练习 4～5 个部位的肌肉，每个部位练2～3个动作，每个动练习 3 ~ 4 组，总组数为 20 ~ 30 组，每组之间休息 1 ~ 2 分钟，然后再进行下一个练习项目；保持巩固阶段，每次练习 3 ~ 4 个部位的肌肉，每个部位练 2 ~ 3 个动作，每个动作练习 3 ~ 4 组，总组数为 20 ~ 30 组，每组之间休息 1 分钟。

（4）运动负荷：包括负荷量和负荷强度，具体包含密度、时间和数量等因素。"密度"是指组与组之间的间歇时间；"时间"是指一次练习的时间；"数量"是指完成动作的数量和组数。最大的器械重量应当是每组只能重复 6 ~ 7 次，大重量重复 8 ~ 9 次，中等重量重复 10 ~ 12 次，小重量重复 13 ~ 15 次。

（5）肌肉练习的顺序：在提高肌肉力量和耐力练习中，要采用正确的练习顺序。开始阶段，一般安排是从上到下，腰腹肌和小肌肉群安排在练习的最后，即胸大肌、背阔肌、三角肌、肱二头肌、三头肌、股四头肌、小腿三头肌、腰腹肌、前臂肌，最后是颈肌。巩固和提高阶段，要从大肌肉群开始，然后是中等肌肉群，最后是小肌肉群，即股四头肌、胸大肌、背阔肌、小腿三头肌、三角肌、肱三头肌、二头肌、腰腹肌、前臂肌和颈肌。遵循由大肌肉群到小肌肉群的练习顺序，是因为与大肌肉群相比，小肌肉群更容易疲劳，当小肌肉群已经出现疲劳时，再与大肌肉群同时工作，就会影响大肌肉群的动作。如一开始就做卷棒或杠铃扣手腕，前臂屈伸肌的紧张不易很快消除，因此握力下降，这时如果做大肌肉群的动作，就容易使器械脱手，造成伤害事故。此外，还应注意不要在两个相继的练习中使同一肌群受累，以保证肌肉在每次负荷后有足够的恢复时间。

2. 合理的膳食营养和良好的饮食习惯

合理的膳食营养和良好的饮食习惯是增长肌肉力量和耐力不可缺少的条件。人体需要的主要营养素是蛋白质、碳水化合物、脂肪、维生素和矿物质。问题在于如何补充这些营养素。对增加肌肉力量和耐力的练习来说，蛋白质的需要量约占 1/3，碳水化合物的需要量约占 2/3，脂肪的需要量很少。要使肌肉力量和体积不断增长，关键是掌握好蛋白质的日供给量。蛋白质在体内需要 2~4 小时才能被水化吸收。如果摄入的蛋白质在体内留 8 小时以上，那么前 4 小时是陆续吸收的过程，后 4 小时就是排放过程。所以，蛋白质必须不断补充，而不能一次摄入过多。如果是大负荷训练日，那么每千克体重至少摄入 2 克蛋白质；如果是轻负荷训练日，那么每千克体重至少摄入 1 克蛋白质。鸡蛋、鱼、牛肉、鸡肉等富含蛋白质且质量较高。蛋白质有互补作用，如谷类食物的蛋白质缺乏赖氨酸，而豆类食物的蛋白质所含的蛋氨酸和半胱氨酸不足，因此，谷类与豆类食物同时食用可以互补不足，提高蛋白质的利用价值。肌肉训练还需要摄取大量碳水化合物，以提供热量。若进食蛋白质后马上进行训练，会感到提不起劲，因为蛋白质转化为能量很慢，且不经济，必须食用碳水化合物来保证能量供应。训练中消耗的维生素和矿物质也要及时补充。如果蛋白质吃多了，就要补充更多的矿物质。

除饮食外还得根据需要吃一些营养品，以弥补食物营养的不足。营养品主要有三大类：一是为增长和修补肌肉所需的高蛋白粉和氨基酸；二是为提供热量和增强耐久力的碳水化合物或饮料；三是为补充食物中供应不足的维生素和矿物质。注意，营养只起补充作用，不能代替饮食营养。营养物质的摄取主要靠饮食，所以，平衡膳食最重要。

3. 适当的休息和恢复

适当的休息和恢复也是提高肌肉力量和耐力的主要因素之一。因为肌肉经过足量刺激后，除补充营养外，必须得到充分休息，以消除疲劳，获得超量恢复，不断增粗长壮。一次训练之后，一般要休息 48 小时。要使肌肉完全恢复，则需要 72~100 小时。实际上，锻炼后的肌肉比没有活动过的肌肉恢复要快得多。当训练中出现缺乏锻炼热情和耐久力、肌肉控制能力减退、关节或肌肉有持续的隐痛、失眠、食欲缺乏等不良反应时，说明已出现"训练过度"。训练中一定要注意防止局部肌肉过度训练，否则会极大影响训练效果，甚至导致肌肉萎缩。一般每次训练课为 75~90 分钟。绝不允许在不增加训练组数的情况下延长训练时间，也不能无故加大训练强度，增加训练组数。总之，每次训练课后都应有足够的休息和恢复时间。如果训练课的强度大了，第二天一定要休息，待身体恢复后再进行下次训练。在大强度训练周期中，须适当安排小强度训练来调整训练负荷。

4. 做好准备活动和整理活动

人体各部位肌肉从安静状态到紧张状态，有一个逐步适应的过程，因此，在训练前必须认真做好准备活动。通过慢跑、徒手操和轻器械的力量练习，可提高中枢神经系统的兴奋性，不断克服内脏器官的生理惰性，再加上体温和肌肉温度升高，使酶的活性提高，肌肉中血流量增加，从而使肌肉收缩时能获得更多的能量供应。另外，准备活动提高了关节、韧带的灵活性，减少了肌肉和关节受伤的可能性。

5. 掌握正确的呼吸方法

肌肉得不到充分的氧气和养料，就容易过早地产生疲劳。因此，在做动作的过程中，掌握正确的呼吸方法是很重要的。一般多用腹式呼吸，即用鼻子吸气，腹部鼓起，胸腔保持正常状态，呼气时，胸部挺起，腹部内陷。在动作过程中，凡是上体伸直，两臂上举，胸中扩展，肌肉收缩用力时，深吸气。上体前屈，两臂放下，胸部收缩，肌肉放松时，深呼气。在重复做费力的动作时，须先吸气，再憋气，这有利于发挥肌肉的收缩力量。但在一般情况下，不要做憋气动作，当呼吸急促时，在用鼻吸气的同时张口闭齿吸气或完成一个动作时呼吸两次。

6. 注意安全

在练习过程中，要根据自己的健康情况循序渐进地增加运动负荷。如患有严重心脏病、肝病、活动性肺结核等，要停止练习。头疼、发烧和喉炎等急症患者，待病愈后方可继续练习。对于持器械练习，必须高度重视安全问题。开始用的器械不宜过重，不宜用力过猛。在承担大重量或最大重量时，应先做几次轻的或中等重量的动作。在做杠铃蹲起或卧推时，最好有同伴在旁保护。如果训练后睡眠不好、食欲缺乏、体重反常下降、练习时大量出汗或者身体有病等，应及时调节运动负荷，增加营养和休息时间，尽快消除疲劳。必要时找医生诊治，以防伤病。

（四）增强肌肉力量和耐力的手段与方法

1. 增强臀部与腿部肌肉力量和耐力的方法

（1）屈膝深蹲（半蹲）。

准备姿势：站在深蹲架前，屈膝，两手握住深蹲架上的杠铃并担负在颈后肩上；向前走两步，两脚开立，略宽于肩，足趾稍向外撇，身体伸直。

动作过程：屈膝下蹲至大腿面和地面平行或屈膝成90°，静止1秒；大腿和臀部用力使两脚蹬地，使身体回复到直立。完成规定次数和组数后，退回几步，把杠铃放回深蹲架上。

呼吸方法：下蹲时吸气，起立时呼气。

主要功效：提高股四头肌群、臀大肌的力量和耐力。

注意要点：在做整个动作的过程中，背部要平直，上体勿前倾，臀部不要后突，后腰要下塌，动作要稳定；腿部快伸直时，用力挺直膝关节。

（2）负重提重。

准备姿势：将杠铃放在颈后肩上，两脚开立，脚尖稍向里扣或外撇，脚掌站在垫木上，脚跟露在垫木外。

动作过程：收缩小腿肌群，使脚跟尽量提高，使腓肠肌彻底收紧。静止1秒，放下脚跟，还原。重复再做。

呼吸方法：脚跟提起时吸气，放下时呼气。

主要功效：发展小腿肠肌、比目鱼肌。

注意要点：脚跟上提和下降时要注意保持重心稳定，脚跟上提时，前额要领先上提；下降时，要让脚跟低于垫木。

（3）单腿蹲起。

准备姿势：练习腿全脚掌着地，上体正直，异侧腿稍前举，两臂侧平举。

动作过程：练习腿深蹲，静止 1 秒，然后练习腿平稳用力起立，再停止 1 秒。两腿交换练习。

呼吸方法：起立时吸气，下蹲时呼气。

主要功效：发展股四头肌。

注意要点：练习腿深蹲时上体稍前倾，动作宜缓慢，掌握好平衡，起立应快速。如果腿部肌肉力量差，可做两腿深蹲起。单腿蹲起时也可以一手扶支撑物，以保持平衡，但起立时不得借助臂力。

（4）俯卧腿弯举。

准备姿势：俯卧在专用长凳上，两脚踝伸钩在所要承担的杠铃片的滚轴下面或由同伴给予适当阻力。

动作过程：屈膝，小腿向后折叠，到最高点时尽力收缩二头肌，静止 1 秒，放下小腿到原来位置，重复再做。

呼吸方法：弯起小腿时吸气，放下时呼气。

主要功效：发展股二头肌和腓肠肌。

注意要点：弯起小腿着地，大腿平贴凳面。

2. 增强胸部肌肉力量和耐力的方法

（1）俯卧撑。

准备姿势：两臂伸直，两手撑地与肩同宽，手指向前，两腿向后伸直并拢，两脚尖着地，身体呈平直俯卧姿势。

动作过程：屈臂，身体下降至胸部几乎触及地，稍停，然后两臂同时平稳用力伸直，稍停。

呼吸方法：屈臂下降后呼气，伸直后吸气。

主要功效：发展胸大肌、肱三头肌。

注意要点：两臂屈伸时，应挺胸、直背、收腹，整个身体平直起落，伸臂时带点爆发力，屈臂时宜缓慢，两肘向外，抬头。

（2）仰卧推举。

准备姿势：仰卧在长凳上，使躯干从后肩到臀部呈"桥"形，即挺胸收小腹，腰背肌用力收紧，腰背部稍离开凳面，只以肩部和臀部触及凳面。将杠铃放在乳头上方 1 厘米左右处，两手握杠间距比肩稍宽。

动作过程：将杠铃垂直上举至两臂完全伸直，胸肌收缩，静止 1 秒，慢慢下落。

呼吸方法：上举时吸气，下落时呼气。

主要功效：发展胸大肌、肱三头肌。

注意要点：上举时背部、臀部要平贴凳面，两脚用力下踏，动作不要间断，也不要用力过猛。

（3）仰卧飞鸟。

准备姿势：仰卧长凳上，两手拳心相对，持哑铃；两臂向上直伸与地面垂直，两脚平踏地面。

动作过程：两手向两侧分开下落，两肘微屈，直到不能更低时止。静止 1 秒，让胸大肌完全伸展，然后将两臂从两侧向上，回到开始位置。

呼吸方法：两臂拉开时吸气，回复时呼气。

主要功效：发展胸大肌。

注意要点：两手不要紧握；分臂时，背部肌肉要收紧；意念集中在胸大肌的收缩和伸展上。

3. 增强肩部肌群力量和耐力的方法

（1）双臂前平举。

准备姿势：两腿直立，挺胸收腹；两手正握哑铃或杠铃，两臂下垂于腿前。

动作过程：直臂持铃向上举起至稍高于肩，静止 1 秒，再直臂徐徐放下，还原至腿前。如用哑铃，可左右手各一次，连续交替做。

呼吸方法：上举时吸气，下降时呼气依次循环。

注意要点：上举和下落时全身保持直立，两臂伸直，意念集中在三角肌。

主要功效：发展三角肌前束。

（2）两臂侧平举。

准备姿势：两脚自然开立，两手握哑铃，下垂于腿前。

动作过程：收缩三角肌，直臂向侧上方举起，直到略高于肩，静止1秒，再让两臂徐徐放下到下垂位置。

呼吸方法：上举时吸气，静止时呼气；下降时吸气，完全落下时呼气。

主要功效：发展三角肌中部、斜方肌。

注意要点：上举和下落时，全身保持直立，不要摇摆弯曲，臂部伸直。

（3）提铃耸肩。

准备姿势：两脚直立，挺胸收腹；两手正握哑铃或杠铃，两臂下垂于体侧。

动作过程：先让肩部尽量下倾，两臂完全不使劲，然后耸起两肩（主要收缩斜方肌）至最高点，静止1秒，松下肩，重复再做。

呼吸方法：耸起肩部时吸气，松下时呼气。

主要功效：发展斜方肌。

注意要点：上提和下落时，全身保持直立，要完全靠收缩斜方肌的力量提铃，两肘不能丝毫弯曲。

4. 增强颈部肌肉力量和耐力的方法

（1）双手正压颈屈伸。

准备姿势：坐在凳上，两手手指交叉放于额前或头后。

动作过程：颈部用力把头向前或向后，两手施于阻力，不让其轻易抬起或低下。如此反复多次，直到颈部感到酸胀。

呼吸方法：头部上抬时吸气，下垂时呼气。

主要功效：发展颈部伸屈肌群。

注意要点：头部上抬时，目光尽量上视，下垂头部时，目光尽量下视。这样，屈伸才能彻底。

（2）单手侧压颈屈伸。

准备姿势：一手按头右侧，另一手叉在左侧腰间。坐立均可。

动作过程：按在头右侧的手用力把头向左侧推压，而颈部则用力顶住，使头部逐渐被压倒；然后，颈部用力把头向上向右抬起，而右手则用力压住头部，不让其轻易抬起。如此反复多次，直到颈部感到酸胀。

呼吸方法：一手用力侧压头部时吸气，压到底时呼气。

主要功效：发展颈部伸屈肌群。

注意要点：阻力不要过大过猛，前几次用力要小些，逐渐增大，以避免颈部扭伤。

5. 增强腰腹肌力量和耐力的方法

（1）仰卧抬腿蜷缩上体。

准备姿势：平卧床上或地上；两膝弯曲，抬起小腿，勿使下降，两手抱头或放于胸前。

动作过程：在保持小腿不下放的同时，尽力把上体向前蜷缩，实际上身体不会上抬很高。

呼吸方法：向前蜷缩时吸气，回落时呼气。

主要功效：发展腹直肌。

注意要点：向前蜷缩时，腰要紧贴床或地面，腹肌尽量收缩。

（2）两头起（元宝收腹）。

准备姿势：仰卧在床上或垫子上，两脚伸直并拢，两臂上举，掌心向上。

动作过程：两腿上举的同时上体起立，两手尽力摸脚背，然后还原到开始姿势，停一秒钟继续刚才动作。

呼吸方法：向前弯曲收缩时吸气，回落时呼气。

主要功效：发展腹直肌。

注意要点：做两头起这个动作时，上体和两腿要同时做动作，上体和腿下落时也同时进行，要注意动作节奏。

（3）悬垂屈膝缩腿。

准备姿势：两手正握单杠，全身直垂杠上。

动作过程：屈膝，把小腿尽力向上缩起，到最高点时，彻底收缩腹直肌一秒钟，然后徐徐下垂小腿，直到完全伸直。

呼吸方法：缩起小腿时吸气，降落时呼气。

主要功效：发展腹部肌群。

注意要点：缩起小腿时要尽力把两膝向上提升。

6. 增强背部肌肉力量和耐力的方法

（1）引体向上。

准备姿势：两手以适宜间距正握（掌心向前）单杠，两脚离地，身体自然下垂。

动作过程：用背阔肌的收缩力量将身体往上拉起，直到单杠触及或接近胸部；静止1秒，使背阔肌完全收缩；然后逐渐放松背阔肌，让身体徐徐下降，直到回复完全下垂，重复再做。

呼吸方法：将身体往上拉时吸气，下垂时呼气。

主要功效：发展背阔肌。

注意要点：上拉时意念集中在背阔肌，把身体尽可能拉高；上拉时不要让身体摆动；下垂时脚不能触及地面；可在腰上钩挂杠铃片来加大负荷强度。

（2）负重躬身。

准备姿势：颈后肩负杠铃，两手宽握杠铃，直立。

动作过程：慢慢向前屈体躬身，直到上体与地面平行，静止1秒，身体向上抬起，直到回复到直立姿势。

呼吸方法：向前屈体时吸气，抬起时呼气。

主要功效：发展竖脊肌（骶棘肌）。

注意要点：屈伸上体时，应始终保持挺胸、收腹、紧腰和两脚伸直姿势；两手紧握横杠，勿使杠铃在颈上滑动；上体抬起时尽量收缩骶棘肌。

7. 增强臂部肌肉力量和耐力的方法

（1）两臂弯举。

准备姿势：直立，两手紧握杠铃，两臂下垂。

动作过程：上臂尽量保持不摆动，屈肘，弯起前臂到可能的最高点，同时收缩二头肌，静止1秒；松展肘关节，让前臂徐徐下落到两臂完全伸直。

呼吸方法：弯起前臂时吸气，回落时呼气。

主要功效：发展上臂肱二头肌。

注意要点：要依靠肱二头肌的力量使前臂向上弯起，在前臂弯起以最高点时，尽量收缩肱二头肌1秒，而不是立即放松它；前臂弯起时，上臂保持不动。

（2）头上臂屈伸。

准备姿势：两手合握一个哑铃，将其高举过头顶后，屈肘，让前臂向后下垂；直立或坐在凳上。

动作过程：两上臂贴近两耳，保持竖直，不摇动；收缩三头肌，逐渐伸展肘关节，把前臂向上延伸，直到臂部完全伸直；三头肌彻底收紧，静止1秒，再屈肘，让前臂徐徐下垂到开始位置，使三头肌尽量伸展。

呼吸方法：挺伸前臂时吸气，屈降时呼气。

主要功效：发展上臂肱三头肌。

注意要点：挺伸前臂时切勿摆动上臂。

（3）反握引体向上。

准备姿势：两臂伸直，两手反握单杠，握距与肩同宽，两腿伸直，身体悬垂。

动作过程：两臂同时平稳用力拉起身体，直至下颌过横杠为止，静止1秒，然后还原，重复再做。

呼吸方法：上拉时吸气，回落时呼气。

主要功效：发展肱二头肌和肱三头肌。

注意要点：屈臂时不得借助上体和腿的摆动，伸臂时臂要伸直。

（4）腕弯举。

准备姿势：坐姿，一手反握哑铃，前臂贴放在大腿上，手腕向前伸出，垂于膝盖前，也可正握哑铃。反握主练前臂内侧肌肉；正握主练前臂外侧肌肉。两手交替做。

动作过程：前臂平贴大腿，只要手腕尽力向上、向内屈转（收缩屈指肌），直到不能再屈转时，静止1秒；放松前臂肌肉，让手腕向前回落。

呼吸方法：屈转手腕时吸气，回落时呼气。

主要功效：发展前臂屈肌肌群。

注意要点：屈转到最后时，一定要尽力收缩前臂肌肉（屈指肌）1秒，再逐渐放松。

三、体育锻炼提高身体柔韧性的方法

柔韧性是人的基本素质之一。它是指人体各关节活动范围的大小及肌肉、肌腱、韧带等软组织的伸展能力。从柔韧性与所从事项目的关系上看，可分为一般柔韧性和专项柔韧性；从其外部运动状态上看，可分为动力柔韧性和静力柔韧性；从完成柔韧性练习的表现上看，可分为主动柔韧性和被动柔韧性。发展柔韧素质的练习主要有两种，即主动性柔韧练习和被动性柔韧练习。主动性柔韧练习是通过与某关节有关联的肌肉的收缩来增加关节的灵活性的；被动性柔韧练习是依靠外力的作用来增加关节的灵活性的。在这两种练习中又都包含有动力性柔韧练习和静力性柔韧练习。主动柔韧性练习可分为单一的和多次的（如一次重复和多次重复的体前屈），摆动的和固定的（如向上踢腿和固定支撑点的拉肩），负重的和不负重的等练习形式。主动静力性柔韧练习是在动作达到最大幅度的情况下，依靠自身肌肉力量保持静止姿势。被动动力性柔韧练习是依靠同伴的帮助来逐渐加大活动部位的动作幅度。而被动静力性柔韧练习是依靠外力来保持固定的姿势。被动性柔韧练习的效果比主动性柔韧练习的效果差一些，尤其是被动静力性柔韧练习更是如此。但它却可以达到更大的柔韧性指

标。而被动柔韧性的最大指标往往决定着主动柔韧性的指标，如站姿向上摆腿的幅度取决于摆动腿静力柔韧性指标的高低。因此，在练习过程中两者必须兼而有之。对于那些对柔韧素质要求较高的运动，被动性柔韧练习是不可缺少的。静止的伸展运动（推荐在各种运动前做此项运动），可有效增加身体的柔韧性。例如，选择伸展某一关节或肌肉，做伸展姿势，并保持20～30秒；放松，然后增大伸展幅度，并保持 20～30 秒；放松，然后进一步加大伸展幅度并保持20～30秒，再做其他部位的伸展练习。

（一）提高身体柔韧性的意义

提高身体柔韧性的意义如下：

（1）柔韧性训练可减少受伤的危险性。大多数运动损伤都是关节扭伤，肌肉及相关组织的过度拉伸引起的拉伤。坚持科学、规律的柔韧性训练的运动员比缺乏柔韧性锻炼的人在做同一练习时，受伤可能性要小50％。柔韧性好可以加大身体的活动范围，在激烈的运动中更好地应付各种意外情况，减少受伤的可能性。对老年人来说，提高柔韧性还意味着良好的生活质量，因为僵硬的关节和韧带会限制人体的活动范围，可能会因很小的意外而导致严重的后果。

（2）良好的柔韧性是提高运动技术水平的重要条件。良好的柔韧性是正确完成动作技术的基础。如标枪运动员肩关节柔韧性的好坏，直接影响到投掷臂的动作幅度和投掷臂的移动轨迹，从而影响投掷效果。而体操运动员的柔韧性更是运动员能否轻松、优美地完成大幅度动作的关键。

（3）当与其他类型的训练相结合时，柔韧性练习是一种很好的热身和放松运动。柔韧性练习还可提高神经系统与肌肉组织的协调性。

（4）柔韧性练习是身心放松的一种方法。长时间保持一种姿势进行学习和工作，会造成局部肌肉痉挛，产生疲劳感觉。此时可进行适当的伸、拉练习，有助于缓解局部肌肉的紧张，消除疲劳感。

（二）提高柔韧性的原则

1. 渐进性原则

做柔韧性练习时，锻炼部位易产生酸痛感，这是由于肌肉被拉长、回缩力增加的原因，应继续将其慢慢拉开，这样才有可能消除疼痛感。经过一个时期的练习，身体已经适应该长度的伸展，应进一步拉长肌肉，牵拉肌腱，使柔韧性提高到一个新的水平。如果柔韧性练习停止一段时期，已获得的效果就会有所消退。肌肉、肌腱和韧带等软组织的伸展性并不是一朝一夕就能提高的，急于求成容易引起软组织损伤。因此，柔韧性练习要循序渐进、持之以恒才能见效。

2. 全面性原则

不管是准备活动中的伸展练习，还是专门发展某些关节柔韧性的练习，都要兼顾到身体各个环节柔韧性的全面发展。在身体活动中，完成动作不仅局限于一个关节或某个身体部位，而且要牵扯到几个相互关联的部位甚至全身。如果柔韧性练习只集中在部分关节和身体部位而忽视其他部位，则完成动作会受阻甚至有受伤的可能。因此，如果发现某一关节柔韧性稍差，就应采取针对性措施使其得到改善。

3. 差异性原则

人体的生理结构虽然基本相同，但由于年龄、性别、身体功能、基本活动能力等方面都存在着个体差异，在选择柔韧性练习方法和运动负荷等方面也应有所区别，不能千篇一律。柔韧性练习还必须根据所参加锻炼项目的特点和锻炼者的具体情况作出安排。应在全面发展身体各部位柔韧性的基础上，重点练习特定项目所需要的专门柔韧素质。锻炼者可根据自己的情况，进行适合自己的柔韧性练习。

（三）柔韧性练习的要求和注意事项

1. 柔韧性练习的时间、次数

初学者首次进行柔韧性练习时，应从接近使自己感到疼痛的临界点开始，每一个拉伸姿势保持 20 秒左右。对身体各组肌肉的练习只需重复一次。然后，逐渐延长每个动作的时间（直到能坚持 1 分钟），增加强度（以能在自己的"可拉伸区域"内，没有痛感地做该动作为合格）。如果做到了这一步，就可以重复一遍该动作（即从可以完成该动作并坚持 20 秒，逐渐延长时间至 1 分钟）。为了实现目标，每一次训练中针对每个部位做 1 分钟的拉伸练习，这样每次都能在 10～15 分钟内完成该练习。练习中动作不能太剧烈，防止疼痛和拉伤。如果要提高柔韧性，至少每周做 3 次伸展练习，每周 5～6 次练习则能收到明显的效果。

2. 柔韧性练习的强度

进行柔韧性训练的人，不论其运动水平高低，都应采用缓慢、放松、有节制和无痛苦的练习。因为如果动作幅度过大，则随时可能拉伤自己的肌肉。肌肉在伸展时会有酸胀的感觉，但不应过分伸展而引起不适。拉伸的强度随关节活动范围的增加而改变。随着柔韧性在锻炼过程中的提高，练习强度应逐渐加大，做到"酸加、痛减、麻停"。在进行大强度的肌肉伸展练习之前必须做充分的热身，使身体发热、出汗，减小肌肉、韧带的黏滞性。

3. 柔韧性练习时的外界温度

外界温度过高或过低，都会影响到肌肉的状态和肌肉的伸展能力。外界温度高，轻微的热身运动后即可做伸展练习；外界温度低，则应做充分的热身运动至冒汗后方可进行柔韧性练习。

4. 注意身体反应

在大运动负荷训练后，或身体疲惫时，不宜做大强度的专项柔韧性训练。

（四）提高关节柔韧性的方法和手段

1. 肩关节柔韧性练习

（1）正压肩。

伸展部位：胸大肌、背阔肌。

练习方法：手扶一定高度的物体或两人手扶对方肩，体前屈，直臂压肩。

（2）反压肩。

伸展部位：胸大肌、三角肌前束。

练习方法：反手扶一定高度的物体，下蹲直臂压肩。

（3）吊肩。

伸展部位：胸大肌、背阔肌等肩带周围肌群。

练习方法：单杠各种握法（正、反、反正等）的悬垂；或单杠悬垂后，两腿从两手间穿过下翻呈反吊。

（4）转肩。

伸展部位：肩带周围肌肉。

练习方法：用木棍、绳、毛巾等做直臂或屈臂的向前、向后的转肩，握距应逐渐缩小。

2. 下肢柔韧性练习

（1）弓箭步压腿。

伸展部位：大腿屈肌、股四头肌。

练习方法：前跨一大步呈弓箭步，后脚跟提起，膝关节略屈，向前顶髋。

（2）后拉腿。

伸展部位：大腿屈肌、股四头肌。

练习方法：一手扶支撑物，把一条腿置于一定高度的物体上，向后拉腿。

（3）正压腿。

伸展部位：股后肌群、小腿三头肌。

练习方法：单脚支撑，一腿搁于一定高度的物体上，两膝伸直，身体前屈下压。

（4）侧压腿。

伸展部位：大腿内侧肌群、股后肌群、小腿三头肌。

练习方法：侧立单脚支撑，一腿搁于一定高度的物体上，两膝伸直，身体侧屈下压。

3. 踝关节柔韧性练习

（1）跪压。

伸展部位：小腿前群肌、股四头肌。

练习方法：脚背伸直跪于平面上，臀部坐在脚跟上。

（2）倾压。

伸展部位：小腿后群肌。

练习方法：手扶墙面站于一定高度的物体上，先提踵，后脚跟下踩，身体略前倾。

4. 腰腹部柔韧性练习

（1）体前屈。

伸展部位：腰背及股后肌群。

练习方法：两脚并步或开立，膝关节伸直，身体前倾下压。

（2）体侧屈。

伸展部位：体侧肌群。

练习方法：两人一组，一人两臂上举在另一人协助下做侧振。

（3）转体。

伸展部位：躯干和臀转肌。

练习方法：把一只脚放于另一腿的膝盖外侧，双手抱头，向弯曲腿的方向扭转身体。

为增进柔韧性要制订科学健康的锻炼计划，应根据个体和客观情况，采取重复练习法、变换练习法、循环练习法、确定锻炼运动负荷法等不同的锻炼方法。

第三节　合理安排个人锻炼计划

在正确掌握科学锻炼身体的原则的基础上，我们应该学习如何科学地制订符合自身特点的锻炼计划。

一、个人锻炼计划的原则

为了使锻炼收到良好的效果，应合理安排锻炼的时间、内容及方法。制订锻炼计划是参加体育锻炼不可缺少的重要环节。锻炼计划一般分为阶段锻炼计划和每次锻炼计划。阶段锻炼计划主要是对一段时间的锻炼地点、时间、内容、方法和运动负荷等进行合理、全面、系统的安排。每次锻炼计划主要是对每一次锻炼的内容、时间分配、重复次数、练习强度和密度、准备活动、整理活动等进行科学、具体的安排。计划的制订应包括：选择有益的锻炼内容；合理安排锻炼的次数、时间和运动负荷；列出注意事项等。

1. 锻炼的内容

锻炼的内容要根据锻炼者要达到的目的来选择。如为了提高心肺功能和发展耐力素质，可选择走、跑、跳绳、骑自行车、游泳、滑冰等练习。为了增强肌肉力量，促进肌肉发达、体形健美，可选择用哑铃、实心球、联合健身器械进行力量性练习。

2. 锻炼的次数

锻炼的次数是指每周锻炼的次数。安排每周至少锻炼 3~4 次，即隔日一次，运动负荷较大时，两次间隔时间可长一些。此外，锻炼者在锻炼时可进行自我医务监督，身体出现异常时应及时调整运动负荷或者停止锻炼。

3. 锻炼的时间

每次锻炼持续的时间一般为 20~60 分钟。锻炼时间与运动负荷有关，运动负荷大则锻炼时间短,运动负荷小则锻炼时间应相对长一些。每次锻炼的程序安排如下:首先做快步行走相结合的准备活动10分钟,然后再进行慢跑有氧运动20分钟(心率达到110~130次/分钟),接着做柔软体操5分钟,进而做提高腹肌力量的仰卧起坐5分钟,最后10分钟做放松体操及走步等整理活动。

4.运动负荷

运动负荷对运动效果、安全有直接的影响,运动负荷合适与否,是制订和执行计划的关键。一般常用运动中的心率来测定运动负荷。一个做法是用220(或200)减年龄,作为运动中的心率数。但比较精确的是采用最大心率的60%~90%作为运动中的适宜心率,相当于57%~78%的最大耗氧量的心率值。健康人在锻炼时的心率应达到最大心率的60%~90%;老年人、弱体质人的心率应达到最大心率的60%或以下。

二、个人锻炼计划的目的

制订体育锻炼计划,目的在于使自己的学习、工作和体育锻炼有一个科学、合理的安排,同时也便于检查锻炼的效果和总结。制订个人锻炼计划,应以体育锻炼的各项原则为依据;内容应包括锻炼的目标、内容、方法、时间等。锻炼的内容应合理搭配,课外体育锻炼的内容应与体育课的内容相结合,与自己的爱好和特长相结合;科学地安排锻炼项目的先后顺序,合理地安排锻炼的时间,充分利用早操、课间操、课外体育活动时间;坚持每天1小时的锻炼时间。在制订个人锻炼计划时,应将周锻炼计划、阶段锻炼计划和全年度锻炼计划有机地结合起来。如安排周锻炼计划时,应包括本周锻炼的主要任务、锻炼的时间、锻炼的主要内容。课外安排以球类为主的练习项目,另外安排一些身体素质练习等。

第 六 章

体育锻炼与心理健康的关系

　　体育锻炼与心理健康相互影响，相互制约。体育锻炼不仅可以培养学生意志，而且对促进学生的心理健康产生积极影响。良好的体育锻炼习惯对于学生的心理健康起着积极的作用，在情绪、自我概念、人格、意志品质、人际交往、社会适应能力等不同的心理层面都具有一定的影响，而心理健康有利于完善人格。心理健康就是指个体无心理疾病，并具有完整的一套心理调节措施，以及较强的社会适应能力的优良心理品质。人的成长过程中，学生阶段是心理波动最大的阶段，对学生开展心理健康教育，既是学生自身健康成长的需要，也是完善学生人格的要求的需要。

第一节 体育锻炼对心理健康产生的积极影响

　　体育锻炼不仅有利于身体健康，而且对于人的心理健康和社会适应能力具有积极的促进作用。体育锻炼是一种行之有效的心理治疗方法，通过体育锻炼可以减缓或消除焦虑、抑郁类心理疾病。决定体育锻炼产生良好心理功效的主要因素有：喜爱锻炼并感受到锻炼的乐趣、选择中等活动强度、每次活动时间不少于 20～30 分钟、每周 3 次或 3 次以上和有规律地坚持锻炼。研究发现只有坚持程度、喜爱程度和锻炼时间三个锻炼维度对心理健康有显著性的独立贡献，而锻炼次数、选择强度和主观感觉三个维度则没有显现出独立于其他维度的贡献。

　　健美操锻炼能够提高女学生的自我效能感和心理健康水平。持续 10 周的 60 分钟中等强度的健美操锻炼产生的效益最为显著。健美操锻炼的时间因素对自我效能感具有显著作用，而强度因素对心理健康方面有显著作用。女学生的自我效能感与心理健康中的强迫、人际关系、抑郁、焦虑、偏执等问题存在负相关关系。参加体育锻炼可以有效地促进灾区中学生的心理健康和治疗心理疾病。参与课余体育锻炼能够改善和提高学生的心理健康水平。积极参与课余体育锻炼的学生心理健康总体水平要好于不经常参与课余体育锻炼的学生。经常参与体育锻炼可减轻肢残者对身体健康的担忧，虽不能改变肢残者对身体吸引力的认识，但在一定程度上可以提升身体自我价值感，并显著提高对整体自尊和生活满意感的积极评价，尤其对有运动经历的肢残运动员比普通肢残者表现得更为突出。

　　一、体育锻炼强度与心理健康的关系

　　运动强度对提高中学生的自尊具有非常重要的作用。体育锻炼改善学生心理健康水平的程度因体育锻炼强度的不同而存在差异。中等强度体育锻炼所产生的心理健康效应明显优于小强度和大强度；中等偏下运动量对女学生有较好的心理健康效应。运动量和锻炼持续周期在正性情感和负性情感上交互效应显著，不管锻炼持续周期如何不同，运动量对焦虑因子都有影响。运动量在抑郁因子上的主效应不显著，但运动量与锻炼持续周期在抑郁上的交互效应显著。不同的运动量组别对学生的身体、人际关系、抑郁、焦虑、偏执因子等有显著性差异。

　　二、体育锻炼对心理健康产生的积极因素

　　体育锻炼对心理健康产生的积极因素具体表现在以下几个方面：

　　（1）改善情绪状态。情绪状态是衡量体育锻炼对心理健康影响的最主要的指标。人生活在错综复杂的社会中，经常会产生忧愁、紧张、压抑等情绪反应，体育锻炼则可以转移个体不愉快的意识、情绪和行为，使人从烦恼和痛苦中摆脱出来。学生常因名目繁多的考试、相互间的竞争以及对未来工作分配的担忧而产生持续的焦虑反应，经常参与体育锻炼可使自己的焦虑反应降低。

（2）提高智力功能。经常参加体育锻炼可以提高自己的智力功能，不仅使锻炼者的注意、记忆、反应、思维和想象等能力得到提高，还可以使其情绪稳定、性格开朗、疲劳感下降等，这些非智力成分对人的智力功能具有促进作用。

（3）确立良好的自我概念。自我概念是个体主观上对自己的身体、思想和情感等的整体评价，它是由许许多多的自我认识所组成的，包括"我是什么人"、"我主张什么"、"我喜欢什么"，"我不喜欢什么"，等等。由于坚持体育锻炼可使体格强健、精力充沛，因而，体育锻炼对于改善人的身体表象和身体自尊至关重要。身体表象是指头脑中形成的身体图像。身体表象障碍在正常人群中是普遍存在的。据报告，54%的学生对他们的体重不甚满意。与男性相比，女性倾向于高估她们的身高和低估她们的体重，而且，身体肥胖的个体更可能有身体表象和身体自尊方面的障碍。身体自尊主要包括一个人对自己运动能力的评价，对自己身体外貌（吸引力）的评价，以及对自己身体的抵抗力和健康状况的评价。身体表象和身体自尊与整体自我概念有关，无论男性还是女性，对身体表象的不满意会使个体自尊变低（自尊指自我概念的积极程度），并产生不安全感和抑郁症状。有研究表明，肌肉力量与身体自尊、情绪稳定性、外向性格和自信心成正相关，并且加强力量训练会使个体的自我概念显著增强。

（4）培养坚强的意志品质。意志品质指一个人的果断性、坚韧性、自制力以及勇敢顽强和主动独立等精神。意志品质既是在克服困难的过程中表现出来的，又是在克服困难的过程中培养起来的。在体育锻炼中要不断克服客观困难（如气候条件的变化、动作的难度或意外的障碍等）和主观困难（如胆怯和畏惧心理、疲劳和运动损伤等），锻炼者越能努力克服主、客观方面的困难，也就越能培养良好的意志品质。从锻炼中培养起来的坚强意志品质能够迁移到日常的学习、生活和工作中去。

（5）消除疲劳。疲劳是一种综合性症状，与人的生理和心理因素有关，当一个人的情绪消极，或任务超出个人的能力时，生理上和心理上都会很快地产生疲劳。学生持续紧张的学习压力极易造成身心疲劳和神经衰弱，保持良好的情绪状态和参加中等强度的体育锻炼则可以使他们身心得到放松。

（6）治疗心理疾病。体育锻炼被公认为是一种心理治疗方法。美国的一项调查显示，1750名心理医生中，80%的人认为体育锻炼是治疗抑郁症的有效手段之一，60%的人认为应将体育锻炼作为一种治疗方法来消除焦虑症。在大学生中，有不少人由于学习和其他方面的挫折而引起焦虑症和抑郁症，通过体育锻炼可以减缓或消除这些心理疾病。

第二节 体育锻炼对心理健康产生的负面影响

只有适宜的体育锻炼才能促进心理健康，相反，如果所采用的锻炼方法和手段不科学，不仅会损害身体健康，而且还会给心理健康带来负面的影响，其主要表现为心理耗竭和锻炼依赖性。心理耗竭是指锻炼者在锻炼中因长期无法克服的运动应激而产生的一种耗竭性心理生理反应，是一种锻炼心理症状。该症状不仅会损害锻炼者的心理健康，还可能直接导致其退出锻炼。锻炼依赖性是指锻炼者对有规律的锻炼生活方式的一种心理和生理依赖，可分为积极和消极两种。有积极锻炼依赖性的人能够控制锻炼行为，在运动后有积极的情感体验；有消极锻炼依赖性的人在锻炼后往往会产生更多的应激、抑郁、焦虑和愤怒等情绪体验。

第 七 章

体育锻炼要搭配合理的膳食

第一节　膳食营养与锻炼的关系

　　体育锻炼与营养都是促进身体健康的重要因素。体育锻炼可以改善、发展与提高人体各组织器官的功能，而人们从食物中摄取的营养素是构成和修补组织器官的原料，是调节器官功能的主要物质。营养不仅与发病率及身体发育有关，而且影响运动的能力，所以体育锻炼与营养两者不可偏废。每当适宜的体育锻炼之后，食欲总会有所增加，这是正常的生理现象。因为体育锻炼的特点就是人体活动量大，能量消耗也大，而且不同的运动项目对身体有特殊的影响。体育锻炼里，各种运动器官和系统活动量大大超过安静时的状态，新陈代谢旺盛，体内能量的消耗大为增加，为了维持身体"收支平衡"，必须进食更多的物质。合理的营养基本要求应该是饮食中的营养素齐全，发热量高，食物新鲜多样化等。

一、热量

　　热量指的是由于温差的存在而导致的能量转化过程中所转移的能量。该转化过程称为热交换或热传递。热量的公有制单位为焦耳。人体的一切生命活动都需要能量，如物质代谢的合成反应、肌肉收缩、腺体分泌等。

而这些能量主要来源于食物。动、植物性食物中所含的营养素可分为五大类：碳水化合物、脂类、蛋白质、矿物质和维生素，加上水则为六大类。其中，碳水化合物、脂肪和蛋白质经体内氧化可释放能量。三者统称为"产能营养素"或"热源质"。

体育锻炼时热能消耗较大，必须供给充足的热能以满足机体的需要。热能不足，会引起身体消瘦，抵抗力减弱，运动能力下降；若摄入过多，则会引起体内脂肪增多，身体发胖。要了解摄入和消耗的热量是否恰当，最简单易行的办法是经常观察体重的变化。我国普通中学生每天的热能消耗：男生为 2500 千卡，女生为 2100 千卡。经常参加体育锻炼的男生可达 3300 千卡，女生为 2500 千卡。

人体每日摄入的能量不足，机体会运用自身储备的能量甚至消耗自身的组织以满足生命活动的能量需要。人长期处于饥饿状态，在一定时期内机体会出现基础代谢降低、体力活动减少和体重下降以减少能量的消耗，使机体产生对于能量摄入的适应状态，此时，能量代谢由负平衡达到新的低水平上的平衡。其结果引起儿童生长发育停滞，成人消瘦和工作能力下降。

能量摄入过剩，则会在体内储存起来。人体内能量的储存形式是脂肪，脂肪在体内的异常堆积会导致肥胖和机体不必要的负担，并可成为心血管疾病、某些癌症、糖尿病等流行性疾病的危险因素。

人体的能量来源是食物中的碳水化合物、脂类和蛋白质。这三类营养素普遍存在于各种食物中。粮谷类和薯类食物碳水化合物较多，是膳食能量最经济的来源；油料作物富含脂肪；动物性食物一般比植物性食物含有更多的脂肪和蛋白质；但大豆和坚果类例外，它们含丰富的油脂和蛋白质；蔬菜和水果一般含量较少。

二、热能物质的比例

食物中的蛋白质、脂肪和糖在体内氧化分解后产生热量。三者的比例对体内代谢状况和机体工作能力有一定的影响，在一般人的饮食中，蛋白质、脂肪和糖的发热量的比例应为1:1:4。经常参加体育锻炼的人，脂肪量减少，三者的比例应为1:0.7:4~5。不同性质的运动项目，能量消耗也不同，耐力项目（如长跑、游泳等）可适当提高糖与脂肪的比例，三者比例应为1:1:7。

蛋白质与运动能力有密切关系，它能提高中枢神经的兴奋性，加强条件反射活动，改善自我感觉，降低疲劳程度，提高运动能力。蛋白质又是肌肉的原料，对保证肌肉的发展和发挥更大的功能具有重大的作用。肌肉收缩主要靠肌纤维的收缩。如肌纤维增粗，肌肉收缩力量就增大，这必须依靠肌肉中蛋白质的增加。血红蛋白和肌红蛋白的增加，可以改善运动时体内的物质代谢。因为蛋白质是细胞的主要组成成分，肌肉、内脏、血液、皮肤、指甲、毛发、酶和部分激素，都是由蛋白质组成的。蛋白质在构造机体、修补组织、调节人体生理功能、供给能量等方面发挥着重要的作用。蛋白质氧化时耗氧多，对运动有影响。一个中学生，每日每千克体重约需1.5克的蛋白质，年龄较小仍在发育中的中学生和疾病恢复期的病人要适当增加蛋白质的摄取量。对蛋白质食物的食用方法，最好将两种以上的蛋白质食物混合使用，可以互补所缺乏或含量不足的氨基酸，提高食物的营养价值。蛋白质来源于肉、蛋、奶、豆类及粮谷类等。

脂肪，一个中学生每日摄入50克脂肪（包括食物本身所含的脂肪在内）即可满足活动的需要。每克脂肪能产生39焦耳的热量，它是构成人体细胞的主要成分之一，在体内起着固定内脏器官以及润滑协调作用，在人体表面起着绝缘保温的作用。脂肪是多种维生素被人体吸收的溶剂，是调节人体正常生理功能所不可缺少的重要营养物质。脂肪来源于动物油和植物油等。

糖，又称碳水化合物。糖容易消化吸收，分解迅速，产热快，耗氧少。糖是供应人体活动能量、维持体温的重要物质。此外，在构成身体组织、辅助脂肪消化、帮助肝脏解毒、促进胃肠蠕动的消化腺的分泌等方面起着重要作用。血糖水平正常才能发挥大脑的功能。一个大中学生，每日摄入 400~500 克的碳水化合物，可满足每日活动的需要。当高度脑力劳动和大运动量训练时，血糖消耗得很快，应适当予以补充。糖的主要来源是粮食（米、麦、玉米、高粱等）与根茎类食物（薯类、萝卜等）所含的淀粉，水果和瓜类中也含有糖。

维生素不是人体直接能量的来源，也不参与身体结构的组成，但它是调节体内化学反应的有机物质，对于生长发育和维持正常生命是必不可少的，也是运动员营养中较重要的一种营养素。运动时机体处于应激状态，体内代谢加强，酶的活性、激素的分泌增加，大量排汗，维生素的损失加大，这就增多了维生素的需要量。尤以维生素 B_1、维生素 C 和维生素 E 关系较大，这三种维生素储备充足，能改善肌肉的营养，有利于肌肉活动，增加耐力，减轻疲劳，加速体力恢复，有利于心肌活动，减少耗氧量，提高神经系统的工作能力。一般情况下，充足的维生素从饮食中摄取，新鲜蔬菜、水果以及心、肝、肉中都含有丰富的维生素。当某种维生素缺乏时，会导致新陈代谢的障碍，影响人的正常生理功能，出现眼干、脚气等各种"维生素不足症"。

第二节 中学生的饮食与健康

中学生在食物营养摄取上存在一些问题，主要表现在以下几个方面：

一、中学生饮食存在的问题

中学生饮食存在以下问题：

（1）饮食不规律。学校一部分学生不遵守学校的膳食制度，其中以不吃早餐最为突出。经科学测定，食物在胃中大约可保持 4~6 小时，超过这个时间就会产生空腹饥饿感，长期超过这个时间不进食，身体就会造成损害。一些学生晚上 6~8 时吃晚餐后，到第二天中午再吃，时间过长，不利于身体健康。长期饮食不规律的危害如下：

①损害胃肠，诱发胃肠疾病。饮食不规律，不吃就不吃，一吃起来就吃太饱，会打乱胃肠消化的生物钟。当不吃早餐，或饥饿时，胃酸等消化液分泌后得不到食物中和，从而胃酸可侵蚀胃黏膜，加上幽门螺杆菌的感染，可引起急慢性胃炎、十二指肠胃溃疡等疾病。另外，暴饮暴食可引起急性胃扩张，严重损害胃肠功能。

②引起营养失衡。由于饮食不规律，或经常不吃早餐，或饮食不均衡，不能给身体提供足够的能量和营养，久而久之，会导致皮肤干燥、贫血、细胞衰老等营养缺乏症状。有调查指出，有饮食不规律不良习惯的人，骨骼密度远远低于规律饮食的人，对已发生骨质疏松的人来说，饮食不规律是主要原因之一。

③饮食不规律的其他危害。在三餐定时情况下，人体内会自然产生胃结肠反射现象，可使排便规律，有利身体内代谢产物的排出。如饮食不规律、不吃早餐等，可造成胃结肠反射作用失调，产生便秘等症状，身体排毒不畅，容易引起皮肤疾病，如痤疮等。

（2）食量不均衡。从科学饮食来讲，早餐应占全天食物总热量的 25% ~30%，午餐占 40%，晚餐占 30% ~35%。但实际上学生早餐过少，晚餐过多。有的学生在食堂吃了晚餐后，临睡前仍要在饭馆加餐许多，会加重胃、肠等消化器官的负担；还有的学生不注意饮食质量的合理分布，有时吃得很好，有时吃得很差。这种挑食习惯直接影响到肠、胃的稳定消化，影响健康。

（3）营养知识缺乏。许多学生不知道各类食物含有哪些营养成分，哪些食物的营养价值高，不懂得各种食物的合理搭配。有些学生认为新鲜等价格高的食物就是好的，在进食上有很大的盲目性。

（4）参加体育锻炼少，盲目减肥。有些女生为了追求身材苗条，每天只吃250 ~300克主食，影响了身体正常发育所需要的营养量。高年级学生不上体育课，参加体育锻炼也少，个人着装上讲究起来了，体质反而下降了。

二、中学生的膳食搭配

1988 年初，国务院已经把研究人民合理的膳食结构列为基本国策。科学合理的饮食，是保证人体健康的重要因素之一，是人们从事脑力和体力劳动能量消耗的来源。大中学生脑力劳动极其繁重，还有一定的体育锻炼，能量消耗是比较大的，加之中学生仍处于发育和最后定型的关键阶段，因此，合理的饮食营养就更为重要。

（1）要有满足人体需要的各种营养物质。中学生每人每日大约需要食物总热量 11.72 千焦，主要从主食中摄取，每日进食 0.55 千克的粮食，大约可以提供 8.18 千焦的热量，其余热量需从豆类食品、肉类、蛋类、蔬菜和食油等副食中补充。数量是质量的基础，有的学生，特别是女生，盲目追求体态"美"，经常减少进食，是损害身体的做法。按时定量吃好，并注意各营养素的搭配是十分重要的。

（2）营养素全面合理。人体的组织细胞都是以蛋白质为主构成的，平时进食时，应重视蛋白质的补充。但是，钙、铁、磷、碘等无机盐和维生素，也是维持人体健康所不可缺少的物质，应食用多种多样的食品，如豆制品、蛋类、肝、胡萝卜、海带、新鲜蔬菜和多种杂粮等。如果获取量缺乏，就会出现夜盲症、牙龈出血、脚气病、贫血等。因为挑食不利健康，中学生应理智地克服偏食毛病。

（3）养成合理的饮食习惯。有的学生少进或不进早餐，如有的为了早晨多睡一会儿懒觉或有些学生为了减肥，控制进食，每天只吃中、晚餐，这样不仅有损身体健康，而且对学习效果也有不利影响。日本和英国学者研究发现，不吃早餐，空腹时间过长，或午饭、晚饭吃得过饱，可以引起胆汁成分的变化和胰岛素分泌不均，容易发生胆结石症和皮下脂肪增多，对身体极为不利。最好是定时定量，一日三餐摄取热量应分配合理，一般是早餐要好，午餐要饱，晚餐要少。暴饮暴食，容易引起消化不良。为使食物充分消化，饭前饭后 1.5~2 小时内不宜进行体育锻炼。

进行肌肉力量较高的项目锻炼时，应注意维生素蛋白质的摄取。在多种食品中猪肝的价值最高，它含有很多人体缺乏的维生素和矿物质，特别是含铁量较高，有利于预防运动性贫血。仍在生长发育期的学生和女生的月经期，应补充更多的铁质。一个人每天从食物中摄取 10 ~ 15 克氯化钠，而一次马拉松随汗带走 30 克氯化钠，所以运动后喝些淡盐水是非常必要的。在开运动会等比赛前的一餐中（赛前 2.5 ~ 3 小时进餐），以七成饱为宜，不吃易产气、难消化的食品（如韭菜、大豆等），临赛前不要吃过多的糖（不超过 1 克/千克体重）。

运动中和运动后饮用的卫生水是机体不可缺的重要营养素。水可以促进物质代谢，调节体能，保持腺体的正常分泌。运动中消耗大量热量，因出汗过多丧失大量水分。失水会使血溶量减少，而运动时机体则需要充分的血容量。如果水分补充不足，就会出现全身乏力，口唇发干或疲劳现象。由于肌体缺水，血液的黏滞度增加，心脏负荷加大，也会出现心跳加快，体温上升，肌肉力量下降的情况。运动中和运动后饮水应以少量多次为原则，切不可一次性大量饮水。大量水分渗入血液，会使血液稀释，血量增多，加大心脏、肾脏的负担，使胃液稀释，影响消化和食欲。同时随汗水大量排出，还导致盐分的损失。为补充失去的盐分和热量，宜用含糖、盐比例适当的运动饮料。运动中最好以水漱口，或以少量水解除渴感。应注意少量多次，间隔 20 ~ 30 分钟，每次 150 ~ 200 毫升/次为宜。运动后不要喝 5℃ 以下和 15℃ 以上的饮料，喝 10℃ 左右的凉开水最佳。

附　录

国家体育锻炼标准施行办法

国家体育锻炼标准

中国为儿童和青少年制定了体育锻炼标准的制度，1975 年由国务院颁布实施。根据不同性别和年龄分组，每组有不同的锻炼项目和标准。在规定时限内达到标准者，被授予国家统一颁发的证章、证书。

第一章　总　则

第一条　为了鼓励和推动人民群众，特别是青少年、儿童积极参加体育锻炼，以增强体质，提高运动技术水平，培养共产主义道德品质，更好地为社会主义现代化建设和保卫祖国服务，制定本办法。

第二条　本办法规定的体育锻炼标准在学校中全面施行，机关、团体、事业单位和城市街道、农村乡镇可以根据条件施行。

国家体育运动委员会可以根据本办法的原则，会同有关部门制定军人、职工体育锻炼标准，分别在军队、工矿企业中施行。

第三条　本办法的施行工作，由体育运动委员会主管。各级体育运动委员会应当会同教育等有关部门督促所属基层单位有计划、有组织地施行。卫生部门应当负责卫生医务监督工作。

学校应当把体育锻炼标准的施行工作同体育课、课外活动紧密结合，并纳入学校工作计划。

第四条　施行单位应当根据需要和可能设置体育场地、器材、设备。各地体育场（馆）应当创造条件建立辅导站和测验站，为体育锻炼参加者提供方便。

第二章　分组和项目

第五条　体育锻炼按年龄（学生按年级和学段）分为四个组：

（一）儿童组：10～13岁（小学3～6年级）；

（二）少年乙组：14～16岁（初中）；

（三）少年甲组：17～19岁（高中）；

（四）成年组：19岁以上（大学或已毕业者）。

第六条　体育锻炼、测验的项目设五类（锻炼测验项目表附后）

第三章　测验及标准

第七条　施行单位应当组织参加者在经常锻炼的基础上按照测验规则进行测验。

测验规则由国家体育运动委员会制定公布。

第八条　参加者必须按所属组别，从每类项目中各选择一项参加测验。五类项目的测验必须在一年内完成。一年的起止期，学生自秋季开学至第二年暑假结束日，其他人员自每年1月1日至12月31日。

第九条　测验成绩采用百分制评分法。根据参加者完成五类项目测验后的总分确定其达标等级。

测验成绩评分表由国家体育运动委员会制定公布。

第十条　达标等级分及格、良好、优秀三级：

及格级标准：250分至345分；

良好级标准：350分至415分；

优秀级标准：420分至500分。

第十一条　参加者有下列情况之一，不计其达标等级：

（一）未能在一年内完成规定的五类项目测验；

（二）有一类项目的测验成绩低于 30 分。

第四章　奖　　励

第十二条　施行本办法成效显著的单位和工作人员，由该单位的领导机关给予表彰。

第十三条　凡是达到达标等级标准的高考考生，在与其他考生同等条件下，优先录取。

第十四条　对达到优秀级标准者发给证书，连续两年以上（学校为一个学段）达到优秀级标准者发给奖章。

优秀级标准证书、奖章由国家体育运动委员会统一制定，委托地方各级体育运动委员会或者有关部门发给。

第五章　附　　则

第十五条　本办法自发布之日起施行。1982 年 8 月 27 日发布的《国家体育锻炼标准》同时废止。

《国家体育锻炼标准》锻炼测验项目表

第一类

儿童组　50 米跑；25 米计时往返跑；10 秒 25 米往返跑（以上男女同）

少年乙组　50 米跑；25 米计时往返跑；10 秒 25 米往返跑；100 米跑（男女同）

少年甲组　50 米跑；25 米计时往返跑；10 秒 25 米往返跑；100 米跑（男女同）

成年组　50 米跑；100 米跑（男女同）

第二类

儿童组　1 分钟跳绳（9~10 岁）；400 米跑；2 分钟 25 米往返跑；100 米游泳；500 米滑冰（以上 11~12 岁）（以上男女同）

少年乙组　1000 米跑；1500 米跑（以上男）；800 米跑（女）；3 分钟 25 米往返跑；200 米游泳；1000 米滑冰（以上男女同）

少年甲组　1000 米跑；1500 米跑（以上男）；800 米跑（女）；4 分钟 25 米往返跑；200 米游泳（以上男女同）；滑冰（男 1500 米、女 1000 米）

成年组　1500 米跑；1000 米跑；1500 米滑冰（以上男）；800 米跑；1000 米滑冰（以上女）；200 米游泳（男女同）

第三类

儿童组　跳远；跳高；立定跳远（以上男女同）

少年乙组　跳远；跳高；立定跳远（以上男女同）

少年甲组　跳远；跳高；立定跳远（以上男女同）

成年组　跳远；跳高；立定跳远（以上男女同）

第四类

儿童组　掷垒球（25.42 厘米）；掷沙包（0.25 公斤）（以上男女同）

少年乙组　掷实心球（2 公斤）；推铅球（3 公斤）（以上男女同）

少年甲组　掷实心球（男女均 2 公斤）；推铅球（男 5 公斤、女 4 公斤）

成年组　掷实心球（男女均 2 公斤）；推铅球（男 5 公斤、女 4 公斤）

第五类

儿童组　爬竿；1 分钟仰卧起坐（以上男女同）

少年乙组　引体向上（男）；1 分钟仰卧起坐（女）；举重物（男 15 公斤、女 10 公斤）

少年甲组　引体向上（男）；1 分钟仰卧起坐（女）；举重物（男 20 公斤、女 12.5 公斤）

成年组　引体向上（男）；1 分钟仰卧起坐（女）；举重物（男 20 公斤、女 12.5 公斤）

国家体育锻炼标准施行办法

1989 年 12 月 9 日国务院批准